Theresia Maria de Jong

Seelenplätze

THERESIA MARIA DE JONG

Seelenplätze

*Kraft schöpfen
an heilenden Orten*

mit Fotos von Claudia Keller

Allegria

Allegria ist ein Verlag der Ullstein Buchverlage GmbH
Herausgeber: Michael Görden

ISBN 978-3-7934-2128-3

© Ullstein Buchverlage GmbH, Berlin 2009
Umschlaggestaltung: FranklDesign, München
Umschlagillustration: Claudia Keller
Innenillustrationen/Fotos: © Claudia Keller,
außer Seite 199, 202, 203, 205, 210 © Theresia Maria de Jong
Lektorat: Marita Böhm, München
Gesetzt aus der Baskerville
Satz: Keller & Keller GbR
Druck und Bindearbeiten: OAN, Zwenkau
Printed in Germany

INHALT

$\mathcal{V}$ORWORT

Unsere Erde ist ein lebendiger Organismus und wir stehen mit ihr in direktem Kontakt. Bei dieser Verbindung handelt es sich keineswegs um eine Einbahnstraße, sondern es findet ein unablässiger Austausch von Informationen auf den unterschiedlichsten Ebenen statt. Nicht immer sind wir uns dieser Verbindung bewusst. Nur zu oft sehen wir die Erde als unbelebte Materie. Indem wir das tun, schneiden wir uns von einer der wichtigsten Ressourcen ab, die uns Menschen zur Verfügung steht: Mutter Erde kann uns so viel geben, wenn wir in einen Dialog mit ihr treten. Genauso ist es aber auch, dass wir für sie Verantwortung tragen.

In den letzten Jahrhunderten wurde die direkte Kommunikation mit ihr immer seltener. Frühere Kulturen waren sich dieser unmittelbaren Verbindung noch sehr bewusst und hatten zahlreiche Rituale, aber auch ganz selbstver-

ständliche Alltagsbräuche, um ihr Ehre zu erweisen. Die Menschen wussten: Nur wenn es Mutter Erde gut ergeht, geht es auch ihnen selbst gut. Ihr wurden Geschenke gemacht, und die Geschenke, die sie ihren menschlichen Kindern machte, indem sie beispielsweise die Ernten reichlich ausfallen ließ, wurden mit großer Dankbarkeit entgegengenommen. Mensch und Erde waren einander nicht fremd, sondern es gab ein Wissen um die Krafträume, in denen beide miteinander untrennbar verwoben sind.

Gegenwärtig öffnen sich immer mehr Menschen den Kräften der Erde, besuchen Seminare für Geomantie oder Feng-Shui-Kurse. Die alte Lehre der Geomantie wird wiederentdeckt und wiederbelebt. Es ist die Lehre von der energetischen Verbindung zwischen Mensch und Erde. Die Lehre von den Erdkräften und davon, wie sie Landschaften,

Häuser, Kirchen und Menschen unterstützen und heilen können. Inzwischen ist es aber auch notwendig, dass Menschen Orte, denen in der Vergangenheit Gewalt angetan wurde oder an denen Gewalttaten verübt wurden, wieder heilen. Erdheilung kommt dann natürlich auch wieder den Menschen selbst zugute. Alles ist eben mit allem verbunden.

Diese Verbindungslinien möchte dieses Buch aufzeigen und auch, wie vielfältig die Möglichkeiten sind, sich selbst wieder mit diesen Kräften zu verbinden und daraus Freude, Glück und Heilung zu schöpfen.

So sagt zum Beispiel der Ort, an dem wir leben, auch immer etwas über uns selbst. Denn die spezielle Energie, die dort anzutreffen ist, hat Einfluss auf unser Erleben und die Art und Weise, wie wir uns und unsere Lebensaufgabe leben. Ob ich auf dem Land, in der Großstadt (wobei auch jede Stadt ihre ganz eigene Energie hat), im Gebirge, am Wasser, im Flachland lebe – all dies hat Auswirkungen auf unsere Persönlichkeit. Der Lebensort kann für uns gleichzeitig Bereicherung und Lernaufgabe sein. Je bewusster wir uns dieser Zusammenhänge sind, desto zufriedener können wir uns in unserem Lebensraum fühlen.

Sogar bei ganz praktischen Fragen im Alltag kann uns das Wissen um die subtilen Energiefelder hilfreich zur Seite stehen. Was ist, wenn ein Umzug ansteht? »Passe« ich in diese Stadt, an diesen Ort? Ist es notwendig, mein Leben – bzw. einen Teil dessen – dort zu verbringen? Möchte ich dies? Oder schwächt mich die Seelenqualität des Ortes womöglich? Wie kann ich trotzdem dort glücklich werden? Gibt es in der Nähe Orte, an denen ich meinen Akku wieder aufladen kann? Wir können unpassende Energien »abfedern«, wenn wir uns Seelenplätze suchen, an denen wir uns wieder regenerieren können. Außerdem können wir tatsächlich auch die Energien unseres Lebensortes selbst positiv beeinflussen – indem wir beispielsweise geistige Verbindungen schaffen zu Orten, an denen wir uns wohlfühlen.

Wir sehnen uns nach dem Sinn des Lebens, nach Verbundenheit und der Leichtigkeit des Seins. Dies stellt sich besonders oft in der freien Natur ein. Dort, fernab von Hektik, Lärm und Ablenkung, meldet sich die Seele zu Wort und möchte gehört werden. Ihre Verbündeten sind vielfältig: Bäume, Pflanzen, Steine, Insekten, Vögel, Landschaftsformen, Flüsse, Seen, Wellen, Meer. Überall können wir Seelenspuren finden – wenn wir anfangen hinzuschauen und hinzuspüren, wenn wir uns öffnen für den Zauber, den Mutter Erde so großzügig verteilt.

Seelenplätze findet man sogar mitten in hektischen Großstädten. Denken wir nur an das Phänomen, dass an gewissen Plätzen – inmitten von all dem Trubel – unsere Seele zur Ruhe kommen kann. Wie uns all der äußere Lärm nichts anhaben kann, weil wir auf geheimnisvolle Weise ganz bei uns selbst sind, in uns ruhen und mit milden Augen und Sinnen den Puls des Lebens rundum betrachten können. Oder diese erstaunliche Ruhe, die in großen Parkanlagen oder auf Friedhöfen möglich ist. Majestätische alte und ehrwürdige Einzelbäume laden ein zum Verweilen und zeugen von einer Kraft, die ungeachtet weltlichen Ungemachs Zeit und Raum durchdringt.

Und dann gibt es noch diese ganz speziellen Plätze. Plätze, an denen die Türen zur Anderswelt noch einen Spalt offen stehen. Zu einer Welt, in der Elfen, Kobolde und Elementarwesen ein und aus gehen. Diese Plätze fühlen sich heiler an als andere Orte. Vielleicht sind es auch heilige Orte. An diesen Plätzen fühlt sich unsere Seele wohl und kommt wieder aus ihrem Versteck heraus. Will sich uns wieder mitteilen. Schickt uns Zeichen und Botschaften. Dort können wir wieder heil und ganz werden. Verbunden mit der fließenden Energie, die in Bäumen steckt, können wir uns zurückverbinden mit allem, was ist.

Einige Seelenplätze sind durchaus bekannt. Sie werden bisweilen auch Kraftorte genannt. Wohl auch, weil wir dort den Kontakt zu unserer inneren Kraft wieder aufnehmen können. Weil wir dort spüren, wie wir durch Mutter Erde in den Kosmos eingebunden sind. Eins sind – auch mit der Anderswelt.

Seelenplätze gibt es überall. Und wir können die, die gerade für uns ganz persönlich richtig und wichtig sind, selbst finden. Was aber sind Seelenplätze und wie unterscheiden sie sich zum Beispiel von Kraftorten? Nun, an Seelenplätzen werden die Kräfte der Erde für den Menschen nutzbar. Es sind heilige Orte, die uns den Zugang zur eigenen Seele erleichtern oder diesen begünstigen. Viele Kraftplätze sind zugleich Seelenplätze und viele Seelenplätze sind gleichzeitig Kraftorte. Aber die Wirkung der Seelenplätze hat Wandlungscharakter. Seelenplätze sind Brückenorte, wo sich Kosmos und Individuum füreinander öffnen und befruchten. Dort kann ein Mensch spüren, erleben, dass er selbst die Brücke sein kann zwischen Himmel und Erde. Dort spürt er die Kräfte der Erde und die Inspiration aus den höheren Dimensionen. Der Kraftort ist Ausdruck des Genius Loci (des Geistes des Ortes), der Seelenplatz hingegen orientiert sich an der Anima Loci, also an der Seele des Ortes.

Gemeinsam mit meiner guten Freundin Claudia Keller bin ich zu vielen dieser ganz besonderen Orte gefahren, habe sie erkundet, erfühlt, und Claudia hat die besondere Atmosphäre dort in ihren wunderschönen Bildern für Sie festgehalten. Sie können sich davon inspirieren lassen und Ihre ganz eigenen Plätze suchen und finden. Jeder Mensch erlebt Orte und Plätze sehr individuell. Was für den einen erhebend und licht ist, mag dem anderen bedrückend und eng vorkommen (was natürlich auch viel mit der persönlichen Prägung und Persönlichkeit zu tun hat). So unterschiedlich, wie wir Menschen sind,

so unterschiedlich sind die Orte. Es kommt nur darauf an, mit ihnen in Kontakt zu treten und zu spüren, was sie uns zu sagen und zu geben haben. Es gibt dabei nicht die eine, einzige und »richtige« Wahrnehmung, sondern wahrscheinlich so viele, wie es Menschen gibt. Indem wir die Sensibilität für unseren Lebensort, für Landschaften, Bäume, Steine und Pflanzen steigern, können wir leichter einen Zugang zu uns selbst und unserer Lebensvision finden. Durch die Ganzheit heiliger Plätze können wir die eigene Ganzheit und Heiligkeit entdecken.

Ich möchte Sie ganz herzlich einladen zu einer Reise zu Orten, die mir vieles gezeigt haben. Selbstverständlich ist die Auswahl sehr individuell. Es ist auch nur eine kleine Auswahl aus dem schier unendlichen Angebot, das allein in Deutschland zu finden ist. Denn wenn ich eines ganz gewiss von dieser langen Reise mitgebracht habe, dann die Erkenntnis: Seelenplätze gibt es überall! Am besten, Sie gehen alsbald los und suchen sich den eigenen.

Nichts ist drinnen, nichts ist draußen,
denn was innen ist, ist außen.

Johann Wolfgang von Goethe

DIE BOTSCHAFTEN DER LANDSCHAFTSFORMEN

Landschaft ist nicht gleich Landschaft. Das ist uns allen recht klar, die Frage ist nur, was machen Landschaften mit uns? Wie beeinflussen sie unsere Stimmung, unser Leben? Durch den Aufenthalt in bestimmten Landschaftsformen werden die dazu passenden Seelenqualitäten in uns angeregt und können leichter gelebt werden. Hügel, Berge, Täler, Ebenen, Seen, Meere: Alle Landschaften wirken spezifisch und individuell zugleich. Marko Pogačnik, der bekannte Künstler und Geomantielehrer, schuf den Begriff Landschaftstempel. Er meint damit die sakrale und spirituelle Dimension von Orten und Landschaften. Für ihn sind sämtliche Erscheinungsformen der Erde Ausdruck des Göttlichen.

»Allzu lange haben die Menschen das Göttliche außerhalb ihrer selbst gesucht, jenseits der Wolken in den Weiten des Universums. Die heilige Geografie lehrt uns, dass wir die göttliche Präsenz mitten in der Alltagswirklichkeit finden, an den Orten, an denen wir leben – während jeder von uns danach strebt, zu seinem eigenen göttlichen Kern zu finden, so wie es auch Gea, die Erdseele, tut.«

Schon die Griechen hatten unterschiedliche Worte, um Landschaft zu beschreiben. »Topos« bezeichnete die physikalischen Aspekte einer Landschaft, »Chora« hingegen die geheimnisvolle Ortseigenschaft, die Gefühle hervorruft und uns unsere Spiritualität nahebringt. Plato meinte hierzu, dass man das Chora eines Ortes nur erfahren könne, wenn man »mit offenen Augen träumt«. Für Paul Devereux kann die Landschaft sprechen. Es liegt an uns, uns ansprechen zu lassen und in einen Dialog zu treten.

Wenn wir Seelenplätze besuchen, so sollten wir uns bewusst sein, dass Orte ihren Charakter je nach Wetter, Licht und Jahreszeit unterschiedlich zeigen. Ein Ort lebt und ist deshalb auch niemals derselbe. Das heißt, er wird sich jeden Tag neu präsentieren. Erst wenn man einen Ort über einen längeren Zeitpunkt wahrnimmt und ihn in Ruhe kennenlernt, erschließt er sich in seinem tiefen Charakter.

Indem wir uns also mit den Erdkräften in Verbindung setzen, sie spüren, ihnen lauschen und uns mit ihnen austauschen, kommen wir zugleich mit unserem eigenen inneren göttlichen Kern in Dialog. Es ist hilfreich, sich der spezifischen Wirkungen der Landschaftsformen anzunähern und zu klären, in welchen Landschaften man selbst am glücklichsten ist, wo der innere Diamant zu glitzern beginnt.

Ich zum Beispiel liebe die große Abwechslung in Bergregionen. Nach jeder Wegbiegung enthüllen sich neue Aussichten, ist die Welt wieder frisch und anders. Andere Menschen fühlen sich in engen Bergtälern eingesperrt und brauchen den weiten Blick in die Niederungen. Den Charme des Flachlandes mit seiner Beständigkeit und seinen insgesamt etwas langsameren Übergängen musste ich erst entdecken. Und das dauerte! Menschen, die seit Generationen in diesen Landschaftsformen aufgewachsen sind, haben – so glaube ich – gewisse Eigenschaften der äußeren Landschaften in ihre inneren aufgenommen und integriert. So sind die Friesen nicht nur sprichwörtlich bedachtsam, sie lassen sich einfach gerne etwas mehr Zeit, auch beim Autofahren, Einkaufen und wenn es darum geht, sich für etwas Neues zu entscheiden. »Kommt Zeit, kommt Rat« ist ihr Motto und sie leben gut damit.

Nachfolgend Überlegungen zur Wirkung von Landschaften und ihren Charaktereigenschaften. Dabei dient das alte hermetische Gesetz »Wie oben, so unten; wie außen, so innen« als Richtschnur.

Nun gibt es in Landschaften natürlich vielfältige Mischformen. Das heißt, in Berglandschaften kann ein See liegen oder ein Bach durchfließt ein enges Tal. Damit vermischen sich die Landschaftselemente Luft und Wasser. Oder im Wald ist ein riesiger Baum entwurzelt worden und das gigantische Wurzelwerk liegt offen in der Luft. Dann vermischen sich Feuer und Erde. Die Kombinationsmöglichkeiten sind manigfaltig und die nachfolgenden Beschreibungen beziehen sich zunächst auf die archetypischen Grundformen. In den Beispielen dazu werden dann allerdings die individuellen Mischformen und ihre Wirkungen sichtbar.

SPUREN DES LEBENS

Auch Umwege gehören dazu,
auch Schweres will gelebt werden,
auch Mühsal führt zum Ziel,
auch Vertrauen stellt sich ein.

Die Wege der Göttin sind vielfältig.
Sie sind wie das Leben:
schlangenförmig, gewunden und geheimnisvoll.
Aber nachhaltig!

BERGLANDSCHAFTEN (Elemente Luft und Feuer)

Berge sind schon aufgrund ihrer äußeren Formen symbolträchtig: wenn sie beispielsweise ein Dreieck oder eine Pyramide formen, einen Kegel oder einen lang gestreckten sogenannten »Drachenrücken«. Autor und Dozent Harald Jordan macht darauf aufmerksam, dass wir mit Symbolen achtsam umgehen mögen, »denn die Analyse ihrer Wirkung verhindert ihre Wirkung. Sobald wir ein Symbol erklären, zerrinnt es uns quasi zwischen den Fingern und verliert seine tiefere Wirkkraft«. Berge mit Drachenrücken sind oben abgeflacht und steigen zu einer Seite langsam an, um dann aber abrupt abzufallen.

Auf dem Rücken des Bergkammes verlaufen starke Energiebahnen, die Einfluss haben auf die energetische Struktur der gesamten Umgebung und auch auf die Täler. Auf diesen Energiebahnen wiederum liegen spezielle

Göllmassiv vor Roßfeld, Berchtesgadener Land

Energieknotenpunkte, vergleichbar mit den menschlichen Chakren. Diese Punkte vibrieren geradezu vor Kraft und wer darauf steht, kann dies im ganzen Körper spüren. Auch so kann Energieübertragung von Mutter Erde zu den Menschen verlaufen. Drachenrücken enthalten nämlich zusätzlich zur Luftenergie auch noch Aspekte der Feuerenergie – besonders wenn der Grat parallel zur Sonnenbahn, also in ostwestlicher Richtung, verläuft. Und auch das Erdelement ist dort stärker zu spüren als auf spitzen Gipfeln. Die Tewa-Indianer aus New Mexico glaubten zum Beispiel, dass auf den Gipfeln all ihrer heiligen Berge ein Erdnabel (»nan sipu«) existiert.

»In den Bergen liegen die Gegensätze, die das Menschsein bestimmen, am engsten zusammen: Leben und Tod, Angst und Hoffnung, Glück und Verzweiflung, Bewegung und Stillstand. Grauzonen gibt es nicht. Die Klarheit dieser strengen Regeln schärft Sinne und Verstand«, meint der Extrembergsteiger Thomas Bubendorfer.

Berge stehen für die Geisteskraft und sind besonders dem Element Luft zugeordnet. Hoch droben auf einem Gipfel ist man den höchsten Schwingungen ausgesetzt und man fühlt sich beflügelt, leicht und über den Dingen stehend. Es ist der im wörtlichen Sinn tatsächliche Überblick – auf einigen Bergen sogar Rundumblick –, der Perspektiven verändern und eine neue Sicht auf alles hervorrufen kann. Berge eignen sich daher bestens für Visions-

suchen oder auch dafür, Klarheit in undurchsichtige Angelegenheiten zu bekommen. Der körperlich anstrengende Aufstieg trägt dazu bei, den Verstand ein wenig in seine Schranken zu weisen, der Schweiß läuft in Strömen, der Körper ist in Bewegung und die Gedanken ziehen nach und lassen los. Ballast (seelischer und körperlicher) ist bei einer Bergtour leichter abzuwerfen als im flachen Gelände.

Auf einem Gipfel fühlen wir uns unmittelbarer mit dem Göttlichen verbunden. In der Mythologie sind Berggipfel häufig der Sitz der Gottheiten. Moses hat auf dem Berg Horeb die zehn Gebote direkt von Gott bekommen und vom Propheten Elia wird berichtet, dass er seine Nachfolgekollegen immer mal wieder mit dem Himmelswagen an Berggipfeln abholt, um mit ihnen eine Runde in höheren Sphären zu drehen. Der Kontakt zu anderen Dimensionen ist auf Berggipfeln greifbarer als anderswo. Schamanen und Druiden zog und zieht es von jeher hinaus in die höchsten Höhen – und das nicht nur in Gedanken, sondern auch in der Realität. Die Hochgebirge der Anden und auch der Himalaja haben spezielle Formen der Spiritualität ausgebildet,

»Wen Gott lieb hat, den lässt er fallen ins Berchtesgadener Land« (Ludwig Ganghofer)

Vorgipfelkreuz auf dem Walberla,
Fränkische Schweiz

Ein Engel wacht
über dem Elbsandsteingebirge

die auch auf heutige Menschen noch immer eine große Faszination ausüben.

Der Marsch auf einen Berg ist durchaus vergleichbar mit dem Lebensweg, bei dem es darum geht, sich aufzurichten und sich wieder den höheren Sphären zu nähern. Dabei verläuft der Weg über Hügel und durch Täler, führt aber letztlich immer weiter nach oben bis auf den höchsten Gipfel. Zwischendurch ist es lohnend, einmal innezuhalten und mit Freude auf das bisher Erreichte zu blicken, um dann wieder weiterzusteigen.

Auf den Bergen leben die Luftgeister, das war für Menschen in vergangenen Kulturen

gar keine Frage. Sie errichteten ihre Heiligtümer häufig auf Bergkuppen oder auf Hügeln. Auch besonders markante Felsformationen scheinen zu allen Zeiten Kultstätten angezogen zu haben. Diese heiligen Stätten wurden bei Ritualen aufgesucht und auch heute noch ist diese Verbindung von Gipfel und Himmel sichtbar durch die Gipfelkreuze.

Oberhalb von hohen Felswänden, direkt an einem steilen Abgrund, gibt es manchmal sogenannte Kanzeln. Das sind ideale Aussichtspunkte (deshalb stehen dort auch häufig Bänke oder es sind Geländer aufgestellt, damit man sich dort gefahrlos aufhalten kann, um die Landschaft zu genießen). Aber es sind gleichzeitig auch besonders energiegeladene Luftorte. Fließt dann noch darunter ein Bach oder ein Fluss, ist der Ort noch kraftvoller, denn die Luft ist angereichert mit vielen Ionen. Dies ist bei einem Wasserfall noch stärker so.

Berge geben gleichzeitig Halt und setzen Grenzen. Diese Begrenzung des freien Blicks in die Täler kann als Einengung erlebt werden, aber auch als willkommene Geborgenheit und Sicherheit. Zumal die Begrenzungen schwinden, je höher man steigt und so dem Weit- und Überblick immer näher kommt. Dies ist wiederum ein Beispiel, wie individuell unterschiedlich Landschaftsformen erlebt werden können. Das ändert jedoch nichts an ihren archetypischen Wirkungen. Paul Devereux, der bekannte Geomant, schreibt:

»Der Berg ist das vollkommene Symbol für Transzendenz und somit die ideale Umgebung für den Yogi, den meditierenden Mönch, den Asketen oder auch nur für Menschen, die ihre geplagte Seele zur Ruhe bringen möchten, indem sie ihren Blick in weite Fernen schweifen lassen, weit hinaus über alle Kleinigkeiten des Erdenlebens.«

WALBERLA –

ein Berg der Göttin in der Fränkischen Schweiz

Schon seit Urzeiten werden auf dem Berg Walberla in der Nähe von Forchheim (auf den Landkarten steht Ehrenbürg, denn Walberla ist der volkstümliche Name) Fruchtbarkeitsfeste zu Ehren der großen Göttin gefeiert. Schwerpunkt ist der 1. Mai – Walburgisnacht, Nacht der Hexen und aller Frauen, die in sich die Verbindung mit der weiblichen Kraft spüren (möchten). Doch auch außerhalb der »großen« Tage im Jahreskreis gibt es Menschen, die die Heiligkeit dieses Berges zu schätzen wissen. So begegneten uns auf den Wegen zum Hochplateau schwarz gekleidete Wiccamädchen, begleitet von bleichgesichtigen, mehrfach beohrringten und tätowierten Jünglingen. Aber es waren auch weise Frauen unterwegs: mit leuchtenden Augen, wissendem Blick und rauschenden Gewändern.

Kurze Begegnungen mit Menschen an Orten wie diesem zeichnen sich oft durch einen liebevollen, wissenden Blickkontakt aus – es ist wie ein kurzes Streicheln der Seele mit

Weitblick vom Walberla, von wo höhere Dimensionen erreicht werden können

einem Blick – mehr ist nicht nötig. Und wir wissen wieder: Wir sind nicht allein, es gibt noch viele andere, die die Kräfte von Mutter Erde schätzen und würdigen.

Im Grunde war es ein Wunder, dass ich nun doch aufs Walberla steigen konnte. Eigentlich war unsere Reiseroute eine ganz andere gewesen, aber ich hatte unterwegs plötzlich die Eingebung gehabt, die Route radikal zu ändern, um Bamberg anzusteuern. Dort fand ich in einer Buchhandlung dann schließlich ein Buch über die Fränkische Schweiz, worin das Walberla als lohnendes Ausflugsziel er-

wähnt war. Meine Überraschung war groß, denn diesen Berg wollte ich schon lange aufsuchen, hatte ihn aber in meinen Gedanken in einer ganz anderen Gegend Deutschlands abgespeichert. Und nun war er also so nahe! Also änderten wir die Route ein zweites Mal und wurden belohnt mit einem wahrhaft selig machenden Berg.

Wunderbare Gerüche begleiteten unseren Aufstieg über sanft geschwungene Wiesen. Eine beflügelnde Freude zog mich leichtfüßig nach oben. Das hohe Gras an beiden Seiten des kleinen Weges wogte leicht im Wind.

In einer geschützten Mulde – wie geschaffen für rituelle Zwecke – bewegte sich plötzlich ein Zweig vor meinen Füßen. Zweig? Kein Zweig, es war eine Schlange, die blitzschnell schlängelnd im hohen Gras verschwand.

Eine Schlange! Tiere – insbesondere seltene oder symbolträchtige Tiere, die uns auf den Wegen zu heiligen Orten begegnen – haben meist eine tiefere Bedeutung. Dies ist im schamanischen Weltbild eine Selbstverständlichkeit – denn dort ist die Verbindung zwischen allen Lebewesen gelebte Wirklichkeit. Das Besondere aber war, dass mir an den zwei darauffolgenden Tagen auch jeweils eine Schlange begegnete. Drei Tage, drei Schlangen. Auch die Drei ist eine symbolträchtige

Zahl. Sie steht für die Erhöhung der Zwei. Das, was entsteht, wenn sich zwei Wesen zusammentun. Dann entsteht das sogenannte Dritte. Eine Potenzierung der Kraft. Eine erste Vollendung in der Überwindung der Polarität. Wofür aber steht die Schlange?

In den alten Kulturen war die Weltenschlange ein Symbol der Erdenmutter, die alles gebiert und wieder zu sich nimmt. Die Schlangenkraft weiht ein in die Mysterien des Lebens. Sie verbindet Himmel und Erde, vereinigt Körper und Geist und steht für Fruchtbarkeit, Auferstehung und Erneuerung. Eine Schlange häutet sich unter Schmerzen, aber sie kriecht nie wieder in ihre alte Haut zurück. In der tantrischen Tradition bedeutet die Schlangenkraft die Vergeistigung der Sexualkraft durch das Aufsteigen durch die Chakren von unten (materiengebunden, Instinktebene) nach oben (Ätherkräfte). Der Stab des Asklepius – des griechischen Gottes der Heilkunst – mit der sich windenden Schlange ist noch immer das Standeszeichen der Ärzte und Heiler. Der Kirche war und ist die Sexualkraft von jeher suspekt. So wurde sie in den Schatten gedrängt und verteufelt. So war es dann auch die Schlange, die Eva die Idee mit dem Apfel (auch einem Symbol der Fruchtbarkeit) gab, nach dessen Verzehr der arme verführte Adam dann gleich mit aus dem Paradies vertrieben wurde. Durch die Verteufelung der potenzierenden Sexualkraft hat die Menschheit den Paradiesgarten verloren. Es geht jetzt darum, ihn wieder zu beleben und ins eigene Leben zu integrieren. Die Schlange ist im Christentum also kein positiv besetztes Symbol. Zahlreiche Marienstatuen zeigen eine Maria, die auf einer Schlange steht und damit ihre Kraft bannt, verwandelt und transformiert. Das geht einher mit dem Postulat der Jungfräulichkeit von Maria. Auf diese Weise wurde eine große Kraft des Weiblichen, nämlich die Schöpferkraft, die sich auch durch eine heilig verstandene Sexualität ausdrückt, aus dem Leben der Menschen verdrängt und in den Schatten versenkt. Es ist jetzt die Zeit, diese lange verleugnete und oft so falsch verstandene Schlangenkraft wieder ins Bewusstsein der Menschen zu bringen. Meine Reise sollte mich immer wieder auf diese Zusammenhänge aufmerksam machen. Ohne es zu »wollen«, wurde ich beständig zu Orten geführt, die mit Fruchtbarkeit zusammenhängen. Es ist offenbar die Zeit, dort eine Heilung einzuleiten. Wenn es

Kapelle auf dem Walberla

ein Thema gibt, das sich wie ein roter Faden durch meine schreibende Tätigkeit zieht, so ist es ebendieses. Jetzt durfte ich erneut erfahren, dass uns unsere innersten Themen auch im Außen begegnen – wie sich inneres und äußeres Reisen verschränken –, wenn wir bereit sind, uns führen zu lassen. Im Krafttier-Buch von Jeanne Ruland lese ich: »(Die Schlange) führt dich auf der Erde, in die Erde und zurück in die geistigen Gefilde.«

Auf dem Weg zum Hochplateau machen wir Rast an einem vorgelagerten Gipfelkreuz mit einer traumhaften Aussicht auf das gesamte lang gestreckte Tal. Wie auf einer Perlenkette aufgereiht, sehe ich mehrere kleine Kirchen, die in gerader Linie zum Gipfelkreuz verlaufen.

*Zwischen den Steinen ist
polare Energie spürbar*

Auf diese Weise wurden Kraftlinien gestärkt und genutzt (auch von der Amtskirche!), denn Zufall kann dies kaum sein. Dieses Phänomen habe ich an vielen heiligen Orten gesehen und es ist auch hinlänglich in der Literatur beschrieben.

Kurz vor dem Hochplateau stehen rechter Hand und etwas unscheinbar zwei hüfthohe gleich bearbeitete Steine in Tischform nebeneinander. In der Mitte ist ein kleiner Gang. Neugierig stellte ich mich dazwischen und erlebte einen wahren Energiekick. Meine Beine und mein Beckenraum begannen zu kribbeln und eine wohlige Wärme durchströmte mich. Mir kam es vor, als seien die

Steine polar aufgeladen, und wer sich dazwischen stellt, wird von beiden Polen aufgeladen und entwickelt dann in sich das Dritte – also die Aufhebung der Polarität. Man könnte auch sagen, die Vereinigung von Himmel und Erde. Ein kraftvoller Platz, ganz klar.

Als ich hinaus auf das Plateau trete, sehe ich vor einer kleinen Kapelle eine Statue. Aus der Ferne gleicht sie einer Merlin-Darstellung. Das Gesicht ist so gut wie gar nicht zu erkennen, denn eine riesige Kapuze ist weit über das Gesicht gezogen. Der Informationstafel kann ich entnehmen, dass es sich um die heilige Walburga handelt. Die Schwester des ersten Bischofs von Eichstätt. Dorthin wurde nach ihrem Tode auch Walburga überführt. Und dort, in Eichstätt bei Ingolstadt, geschieht auch heute noch ein Wunder, denn die inzwischen über 1200 Jahre alten Gebeine sondern von Oktober bis Februar eine merkwürdige, ölige, klare Flüssigkeit ab, die heilkräftig ist. Eine Kommission, die sich damit auseinandergesetzt hatte, konnte das Phänomen nicht klären. Kondensationsflüssigkeit – wie erst angenommen – war es jedenfalls nicht. Die Schwestern des Klosters sammeln die wertvolle Flüssigkeit in einer vergoldeten Schale und

verschenken kleine Fläschchen des »Walburga-Öls«. Jeder bekommt aber nur eines. Das fiel mir sofort ein, als ich die Tafel erblickte, denn ein Jahr zuvor war ich eingeladen, an der Katholischen Universität Eichstätt im Rahmen einer Tagung einen Vortrag über die beträchtlichen Risiken der künstlichen Befruchtung zu halten. Die gesamte Tagung hatte dieses Thema, doch niemand erwähnte die heilige Walburga, die auch als Schutzpatronin der Wöchnerinnen gilt.

Das Walberla-Hochplateau ist ein Drachenrücken und die Energie dort lädt zum Fliegen ein. Nicht nur, um Drachen steigen zu lassen –, sondern auch, um innerlich zu fliegen. Wer den Blick über die weite Hochebene schweifen lässt, fühlt sich auf sonderbare Weise emporgehoben und regelrecht beflügelt. Es ist ein wenig so, wie Sekt zu trinken ohne Sekt. Mein Tipp: Suchen Sie sich eigene Energiepunkte auf dem lang gestreckten Drachenrücken. Wo kribbelt es besonders stark, wo ist es sanfter, welche Chakren werden wo angesprochen? Nehmen Sie sich Zeit und verweilen Sie spürend auf dem Berg.

Heilige Walburga – Patin für den Bergnamen

Form des Untersberges – ein Drachenrücken

DER UNTERSBERG
im Berchtesgadener Land

Wenn es um heilige Berge in Europa geht,
so steht der Untersberg ganz vorne. Der
Dalai Lama nannte ihn bei seinem Besuch
in Salzburg das Herzchakra Europas. Von
jeher kursieren Legenden und Sagen um
diesen lang gestreckten (Drachen)-Berg, der
Deutschland und Österreich miteinander
verbindet (denn jeder hat »seinen« Teil).
So soll Kaiser Karl der Große dort im Berginnern schlummern und sein Hofstaat – die
Kobolde und Elfen – ist dort schon häufig
Wanderern erschienen. Zahlreiche Höhlen –
die noch längst nicht alle erforscht sind –
gestatten den Eingang in die Unterwelt, in
den Bauch von Mutter Erde. Allerdings sind
diese Höhlensysteme nicht ungefährlich und
es passiert immer mal wieder, dass jemand
nicht mehr zurück ins Sonnenlicht findet.
So soll sogar einmal eine ganze Hochzeitsgesellschaft verschwunden sein, als sie auf
dem Weg von Sankt Leonhard nach Gröding
von einem kleinen Männlein angesprochen
worden war. Dieser lud sie an die Tafel des

Kaisers und sie war ihm in eine Felsspalte gefolgt. Das, was der Hochzeitsgesellschaft im
Berginnern wie ein Tag vorgekommen war,
waren in der Realität 100 Jahre gewesen. Ein
Hinweis, dass die Zeit in mystischen Zusammenhängen eine andere ist.

Auch von sogenannten Wildfrauen ist die
Rede. Wunderschöne Wesen, deren Stimmen
klingen, als würden Engel singen. Sie sind
hilfreiche Geister und haben schon manchem
Menschen in Not geholfen. Im Berginnern,
so erzählen viele weitere Sagen, ruht nicht
nur Karl der Große, sondern mit ihm auch
eine riesige Schatzkammer mit erlesen Edelsteinen und Gold im Übermaß.

Ab und zu gab es Wanderer, die von seltsa-
men kleinen Männlein von diesen Schätzen
etwas geschenkt bekommen hatten, wenn sie

sich in einer Notlage befanden. Anderen jedoch, die versuchten, eigenmächtig in den Berg vorzudringen, um die Schätze zu stehlen, erging es übel.

Der Weg zu den inneren Schätzen ist ein Weg, der nicht erzwungen werden kann. Es geht dabei um das Sich-finden-Lassen, um dann im Vertrauen dem Weg, der Einladung zu folgen. Dabei sind es häufig andere Menschen – aber durchaus auch Tiere, Pflanzen, vielleicht auch Elementarwesen –, die uns Hinweise geben und uns ein weiteres Stück des Weges zeigen und weisen. Wenn wir bereit sind, können wir dem Weg folgen und erkennen erst dabei, welche Schätze sich uns erschließen. Offenbar gibt es Orte, an denen schicksalhafte Begegnungen häufiger geschehen. Wo unsere Seele mit der Seele des Ortes in Verbindung tritt und uns Hinweise auf unseren Lebensweg und unsere Bestimmung geben kann. Ein solcher Ort ist das Untersberg-Massiv. Es gibt dort unterschiedliche Bereiche, die den Kontakt zur Erdseele – und damit zu unserer eigenen! – begünstigen.

Ein besonderer Ort am Untersberg liegt in der österreichischen Gemeinde Großgmain – direkt hinter der deutsch-österreichischen Grenze neben Bayrischgmain. Hinter der Marien-Wallfahrtskirche »Unserer Lieben Frau« hat der Pfarrer Herbert Josef Schmatzberger auf Initiative von Thomas Janschek und gestaltet vom Münchner Kunstgärtner Heinrich Bunzel einen seelenvollen Marienheilgarten entstehen lassen.

Marienheilgarten, gestaltet nach astrologischen Gesichtspunkten

Schon beim Betreten des Gartens durch die kleine Friedhofspforte umhüllt uns eine friedliche, heilige und heilende Atmosphäre. Es ist fast, als würden wir einen anderen

Seinsbereich betreten, der seinen Zauber gleichmäßig verteilt. Der Pfarrer weiß, dass die weibliche Gotteskraft ein fehlendes Element in der Kirche ist. Er ist bemüht, diese fehlende weibliche Kraft zu integrieren.

»In unserer Wallfahrtskirche verehren wir Maria als Mutter Gottes. Hier in diesem Garten rufen wir sie als Maria-Sophia, die Mutter der ganzen Schöpfung, an. Die ganze Schöpfung ist beseelt und die Bibel spricht von Sophia, der personifizierten Weisheit Gottes und der Weltenseele, die in Maria Mensch geworden und als Mutter der ganzen Schöpfung Künderin eines neuen, ganzheitlichen Bewusstseins ist. Nur eine kosmische Religiosität, die die Welt als Geschöpf Gottes achtet, wird eine echte Erneuerung bringen«, meint Schmatzberger.

So überrascht es auch nicht, dass im Garten Zahlenmystik, Astrologie und geomantische Überlegungen eingeflossen sind. Im Grundriss einer liegenden Acht stehen die beiden Kreise für das männliche und weibliche Element, die miteinander verbunden sind. Die Breite des Gartens beträgt 19, die Länge

Marienstatue – Feld der Kraft und Liebe

38 Meter (19 x 2). Die kosmische Zahl 19 erinnert an den sogenannten Mondknoten, der in 19 Jahren den Tierkreis durchwandert. Auch in religiösen Bezügen spielt die 19 eine wichtige Rolle. So setzt sie sich aus der Sieben und der Zwölf zusammen. Die Sieben steht als heilige Zahl für die Harmonie durch die Verbindung von Gott und der Welt. Die Zwölf gilt als vollkommene Zahl (12 Monate, 12 Apostel, 12 Tierkreiszeichen, 12 Stämme Israels etc.). Die beiden Kreise im Garten messen im Durchmesser 13 Meter. Damit wollen die Erbauer Folgendes ausdrücken: Erst wenn zur Vollkommenheit der berechenbaren Zwölf die unberechenbare 13 hinzukommt, geht die Verheißung in Erfüllung.

Beide Kreise befinden sich auf starken Kraftfeldern. In dem einen Kreis steht eine Marienstatue (für das weibliche Prinzip), im zweiten Kreis ein Felsbrocken vom Untersberg (für das männliche Prinzip), der auch die Form des Unterberges hat. Dieser Stein wirkt wie ein Menhir und sendet 14 Strahlen aus, die sich in einem Kreis kreuzen. Der Schnittpunkt des Kreises mit den 14 Strahlen markiert 14 Energiepunkte, die durch 14 kleine Steine dargestellt werden. Die 14 ist die Davidzahl – und wie die Heilige Schrift angibt, sind es von Abraham bis zu Christi Geburt 3 mal 14 Geschlechter. Die Geburtsstelle in Bethlehem wird demnach auch von einem 14-zackigen Stern gekennzeichnet. Die 14 bringt etwas vollkommen Neues und Unerwartetes hervor: Jesus. Sie findet sich auch in den 14 Kreuzwegstationen, die daran erinnern, dass aus dem Nichts, dem Tod, erneut die Auferstehung, das Leben, kommt. Dann gibt es 14 Nothelfer, die in Situationen, in denen es nach menschlichem Ermessen keine Rettung mehr gibt, einschreiten und doch noch alles zum Guten wenden. Die 14 war auch bei den alten Griechen eine besondere Zahl. So stehen am Pantheon stellvertretend für alle Götter 14 Buchstaben: »Naos Tein panton«, ein Tempel aller Götter.

Rund um die Marienstatue wurde der astrologische Tierkreis zwölfgeteilt aus den passenden Blumen und Kräutern angelegt. Beim Eintritt in diesen Kreis wurde ich von einer intensiven, mächtigen und zugleich sehr sanften und lieblichen Kraft umfangen. Trotz der Hitze des Tages legte sich eine regelrechte Gänsehaut auf meine Arme. Es war eine Kraft zu spüren, die unmittelbar Vertrauen gibt in die weibliche Schöpferkraft, die mir sagte: »Alles, was ist, ist gut und hat seinen Sinn. Habe Vertrauen in den Verlauf aller Dinge. Sie werden zum Besten gedeihen. Ich bin bei dir.«

Und dann steht im Pfarrgarten noch eine Statue vom kürzlich heiliggesprochenen italienischen Mönch Pio, der zwar zeitlebens einige Probleme mit der offiziellen Kirche hatte – oder vielmehr sie mit ihm –, der aber dann doch überraschend schnell heiliggesprochen wurde. Pio trug unter ständigen Schmerzen die Wundmale Jesu, er besaß unter anderem die Gabe zu schweben (Levitation) und wurde an mehreren Orten gleichzeitig gesehen (Bilokation). Er heilte zeit seines Lebens Menschen von körperlichen und seelischen Krankheiten und gründete auch ein Krankenhaus in Italien, in dem er den Ärzten beibrachte, »human« und in Liebe mit den Kranken umzugehen. Von ihm ging ein wundersamer wohlriechender Rosenduft aus – obwohl er niemals Parfum benutzte. Es war der Duft der Heiligkeit, wie die Menschen, die ihn kannten, sagten. Ein echter Mystiker eben, der so gut an diesen heilenden Ort passt. Die Einweihung der Statue – die auf recht abenteuerlichen Wegen von Ungarn nach Österreich kam – fiel übrigens rein »zufällig« auf den Tag seiner Seligsprechung am 16. Juni 2002. Wen wundert es da, dass es auch an seiner Statue lieblich duftete. Und dass die drei Bäume, in deren Mitte die Statue steht, schneller und kräftiger wachsen als ihre Artgenossen.

Vor der Wallfahrtskirche – die eine hervorragende Akustik hat – steht ein weltweit einzigartiger Marienbrunnen mit einer äußerst ungewöhnlichen Statue. Es ist ein Körper, aber mit zwei unterschiedlichen Seiten und Gesichtern. Auf der einen Seite ist es Maria, das Gesicht himmelwärts gerichtet, auf der anderen die römische Muttergöttin Diana, das Gesicht der Erde zugewandt.

Zwei Gesichter der Göttin

Maria, farblich passend zur Jahreszeit gekleidet

Die Kirche in der Gern, vor dem Watzmann

Aus den Brüsten beider fließt lebenspendendes Wasser. Die Statue vereinigt beide Aspekte der weiblichen Gottheit in sich. Geschaffen wurde diese doppelgestaltige Maria bereits 1593 vom Bad Reichenhaller Bildhauer Johann Schwaiger. Orte wie dieser können die Welt verzaubern und strahlen Ruhe, Liebe und Frieden aus.

Am Untersberg stehen noch mehr stark aufgeladene Kirchen, wie zum Beispiel in Maria Gern und in Ettenberg. Die Kirche in der Gern kann ihre Kraft sogar trotz eines regen touristischen Besucherstroms erhalten (was längst nicht bei allen Kirchen der Fall ist). Die heilige Ausstrahlung dort öffnet die Herzenskraft und strahlt kosmische Liebe weit

hinaus in die Berglandschaft und über die Stadt Berchtesgaden hinweg hinüber zum Watzmann. Auch an dieser Stelle wird die Verbindung von Weiblich (Maria Gern) und Männlich (Watzmann) greifbar. Ein noch immer aktives religiöses Leben scheint die Kirche beständig wieder aufzuladen. Das ist ein wichtiger Aspekt heiliger Orte. Wird ein Ort nicht beständig wieder neu »aufgeladen«, verlangsamen sich nach und nach seine lebendigen spirituellen Schwingungsmuster, bis sie sogar völlig zum Versiegen kommen können. Dann ist eine Kirche nur noch Bauwerk und wirkt wie ein Museum. Mit Menschen ist es übrigens ganz ähnlich. Auch sie können ihre spirituelle Kraft nur dann weiterentwickeln und umsetzen, wenn sie sich regelmäßig zu-

Die Kirche in Ettenberg
am Fuße des Unterberges

rückverbinden und spirituell aufladen. Insofern passiert an Seelenorten zweierlei gleichzeitig. Menschen können sich stärken und
aktivieren damit sich selbst und den Ort, den
sie besuchen. Viele Kirchen haben ihre Heiligkeit längst verloren und nicht mehr die Kraft,
Menschen zu inspirieren. Ein heiliger Ort
lebt von der Kommunikation mit den Menschen in besonderem Maße. In Bayern findet
sich noch ein tief empfundenes religiöses
Leben der Bevölkerung und es werden die
jahreszeitlichen Feste gefeiert – zwar in Form
des Christentums gegossen –, doch jede Reli-
gion transportiert das Heilige auf ihre Weise.
Die himmlisch schöne Madonna in der Mitte
der Kirche Maria Gern wird sogar passend zu
den Jahreszeiten gekleidet. Sie hat rote, blaue,
grüne und goldene Gewänder und sie passen

farblich genau zu den Schwingungen der
Natur in dieser Zeit.

Die Ettenberger Kirche – zu erreichen über
eine kleine enge Straße aus Markt Schellen-
berg – ist für mich eine echte Maria-Magda-
lena-Kirche. Über dem Altar ist ihr Zeichen
ganz klar erkennbar. Maria Magdalena ist
ein Symbol des verlorenen Weiblichen in
der Kirche. Sie, die Geliebte, vielleicht sogar
Ehefrau Jesu, wurde von der sexualfeindli-
chen Kirche als Prostituierte bezeichnet, als
Sünderin. In Wahrheit ist sie die notwendige
Ergänzung des männlichen Prinzips. Sie ist
die Braut, die Verheißung der Vereinigung
von Männlich und Weiblich im heiligen
Sexualakt. Durch die Jahrhunderte hindurch
hat sich das geheime Wissen über Maria

Magdalena, die nach dem Tod Jesu aus Jerusalem fliehen musste und zunächst mit dem Schiff in Südfrankreich landete, wo sie auch heute noch leidenschaftlich verehrt wird, erhalten und drückt sich in der Malerei wie in dem Zeichen X aus. Das X ist das Symbol der Vereinigung des V als Kelch, der empfängt, und des A, des Sinnbildes des Logos, des Verstandes. Beides zusammengefügt ergibt das X und steht für die heilige Hochzeit.

Die amerikanische Religionswissenschaftlerin Margret Starbird spricht davon, dass die Erde auch als Partnerin Gottes gesehen werden kann: als heiliges Gefäß, das die Göttlichkeit in sich trägt.

»Dieser Gedanke macht heute noch Sinn. Die Wiedereinführung der Braut oder des weiblichen Prinzips in das sichtbare Paradigma des Christentums könnte die heute dominierende Trennung zwischen Geist und Materie aufheben und zugleich die verwundeten männlichen und weiblichen Seelen heilen. Der auferstandene Jesus wäre nicht mehr von seiner Braut getrennt.«

*Gerundete Berge erinnern
an die Göttlichkeit von Mutter Erde*

Die Wunde unserer Gesellschaft, die daher stammt, dass das weibliche Prinzip des Empfangens, der Hingabe, aber auch der Leidenschaft und Intuition ausgeklammert oder als nicht ebenbürtig anerkannt wird, kann erst dann wieder vollständig heilen, wenn der Bräutigam (die Kirche als Nachfolger Jesu) mit seiner Braut vereinigt wird und beide in der heiligen Hochzeit ihre Liebe leben und damit die Fruchtbarkeit ermöglichen. Fruchtbarkeit auf der Erde – die dann kein Ödland mehr ist –, aber auch in den Beziehungen der Menschen untereinander und in der konkreten Umsetzung der individuellen Lebensaufgabe. Durch die Wiederaufnahme der Frau in die himmlischen Paradigmen wird selbst Ödland wieder fruchtbar und die Wunde geheilt. Das ist eine sehr akute und aktuelle Notwendigkeit für die Erde, aber auch für die Menschen, die auf ihr leben. Möge Heilung geschehen!

Die Himmelskönigin – wie Maria, die Mutter Jesu, auch genannt wird – wird in der Kirche als Jungfrau und Mutter verehrt und angebetet. Ihre Reinheit und ihre Aufopferung werden damit in den Mittelpunkt gestellt, vergessen wird dabei die Schöpferkraft des Weiblichen. Diese Komponente verkörpert Maria Magdalena.

Es gibt allerdings auch Statuen von Maria, der Mutter Jesu, die genau diesen Aspekt mit einbeziehen. In Süddeutschland finden sich zahlreiche Kirchen, in denen Maria das zentrale Element darstellt, nicht der Gekreuzigte. Das Symbol des Weiblichen trägt nämlich den Zyklus des Lebens in sich: Empfangen, Gebären, Nähren, Wandlung, Tod, Auffahrt in den Himmel und erneute Niederkunft zur Erde. Dieses volle Rad des Lebens ist die Botschaft, die, obwohl sie unterdrückt wurde, nie ganz verloren ging und jetzt eine Renaissance erlebt.

In Ettenberg ist dies in der Kirche, aber auch in der wunderschönen Wiese auf der Kirchrückseite allgegenwärtig.

Unterhalb von Ettenberg steht seit 1970 eine Marienstatue an einer heilkräftigen Quelle. Von diesem – lange Zeit nur Einheimischen bekannten – Ort erfuhr ich von meiner langjährigen Freundin Bärbel, deren Mann Dieter bei der Aufstellung der Marienstatue mithalf. Gemeinsam mit ihr und Claudia stiegen wir die kraftspendende Almbachklamm aufwärts. Allein ein Gang durch eine Klamm – eine

Ein Steinmanderl weist den Weg zur Marienquelle oberhalb der Almbachklamm

enge Schlucht, durch die ein Wildbach reißend zu Tale stürzt – ist innerlich zutiefst
reinigend. Die Luft, angereichert mit erfri-
schenden Ionen, dringt tief in die Lungen
und bewirkt eine Sauerstoffdusche ohneglei-
chen. Die Ätherkräfte reinigen gleichzeitig
unsere feinstofflichen Körper. Das geschieht
von ganz alleine, ohne unser Zutun, und den
meisten Menschen ist dies auch nicht bewusst,
wenn sie eine Klamm durchwandern. Allerdings fühlen sich die meisten danach einfach
besser – so ein wenig wie neugeboren. Es
werden – so glaube ich – viele lose Mental-
schlacken ganz einfach aus der Aura gezogen.

Ich erinnere mich noch an meinen ersten
Klammbesuch als kleines Mädchen in der
Partnachklamm in Garmisch-Partenkirchen.
Mich erfasste schon damals eine heilige und
zutiefst entrückte Stimmung beim Gang durch
die Tunnel, vorbei an den rauschenden Was-
serfällen, den tiefen Becken, in denen das
Wasser in allen Farbschattierungen eine kurze
Ruhepause einlegt, um dann weiter zu Tale zu
stürzen. Etwas oberhalb der Almbachklamm
am Untersberg ist ein kleiner Staudamm, über
den der Weg Richtung Ettenberg führt. Auf

Marienquelle

der anderen Seite der Klamm folgt man dann aber nicht dem Weg nach Ettenberg bergaufwärts, sondern einem schmalen Pfad nach links, also rechter Hand entlang des Baches bis zur Quelle. Der Weg ist teilweise ausgespült und nur mit gutem Schuhwerk und einiger Geschicklichkeit begehbar. Aber es lohnt sich.

Auf dem Weg zur Quelle begegnete mir im Übrigen meine zweite Schlange. Diese blieb sogar auf dem Weg liegen, sodass ich sie in aller Ruhe betrachten konnte. Sie war braun mit zwei weißen Dreiecken am Kopf. Erst als Bärbel mehrfach mit ihrem Stecken auf den Boden klopfte, huschte sie ins Gebüsch und davon. Meine Überraschung über die zweite Schlange können Sie sich sicherlich vorstellen. Je mehr wir uns der Quelle näherten, desto ruhiger wurde es in mir. Es zog mich geradezu weiter am Bachufer entlang. Und plötzlich stand sie vor uns, die Marienstatue oberhalb der klaren Quelle.

Rund um die Quelle und die Statue haben Menschen Geschenke und auch kleine Dankesbezeigungen niedergelegt. Die Quelle und die Statue scheinen zudem unter einem besonderen Schutz zu stehen, denn bei einem schlimmen Unwetter, das Brücken in der Klamm zerschmetterte und eine Schlammlawine zu Tal schwemmte, blieben Quelle und Statue gänzlich unberührt, obwohl rund umher das Chaos wütete.

Wir schöpfen das Wasser mit der hohlen Hand und trinken ein weiches, süßes, frisches Wasser, das uns auch innerlich erfrischt.

Es dauerte keine fünf Minuten, da kam ein Mann an die Quelle, um Wasser abzufüllen. Bärbel erkannte ihn: Es war Hagen Böhnisch, der Hüter der Quelle! Das war ein wirklich schöner Zufall, ihn dort zu treffen, denn verabredet hatten wir uns nicht.

Vor 30 Jahren trug er dafür Sorge, dass die tonnenschwere Madonna über eine Seilwinde in das sonst unzugängliche Terrain gebracht werden konnte. Böhnisch erzählte dann auch, wie die Quelle vom Berchtesgadener Eugen Koeberle entdeckt worden war. Koeberle, der nicht nur Zahnarzt, sondern auch Heiler war, meditierte schon Anfang der 70er-Jahre täglich. In einer Meditation bekam er die Botschaft vom Berg des Lichts und von einer ganz besonderen Quelle an diesem Berg. Er schrieb auf, was ihm in seiner Meditation gesagt worden war:

»Der allgütige Vater will, dass alle Menschen glücklich werden auf Erden, zu dem ihr seid auf Erden, es zu erfahren, was schon immer war, das Glück in allen Erdentagen – es liegt vergraben in euch.«[1]

Der Untersberg aber sei der Berg des Lichts.

»Die, die die Botschaft hören wollen, denen soll das innere Ohr und das Herz geöffnet werden, dass sie aufnehmen können, gleich einem Schatz des Lichts, der Wahrheit und der Weisheit, sodass wir vor allen Problemen der Welt bestehen.«

Einige Monate später erhielt Koeberle – ebenfalls in einer Meditation – eine genaue Beschreibung, wo diese Quelle zu finden sei. Noch am selben Tag – im November 1975 – brach er auf, um die Quelle zu suchen. Es war gar nicht so einfach, den Anweisungen zu folgen, und fast schon wollte Koeberle aufgeben, ging aber noch einmal in Richtung Almbach. Im unwegsamen Gelände ragte ein Stein in Dreiecksform aus dem Morast.

Koeberle setzte seinen rechten Fuß darauf und wollte den linken ebenfalls daraufsetzen, rutschte aber ab und versank bis zum Knie im feuchten Grund. Nur unter großer Anstrengung gelang es ihm, sein Bein mit beiden Händen wieder herauszuziehen. Dort, wo sein Bein im Sumpf gesteckt hatte, sah Koeberle kreisend kristallklares Wasser. Auf dem Grund lagen schneeweiße Steine, aus denen das Wasser hervorsprudelte. Er hatte die Quelle gefunden! Sogleich verkostete er das Wasser, fand es wohlschmeckend und weich und von Stund an verschwanden seine Magen- und Harnschmerzen schlagartig. In der folgenden Zeit legte er die Quelle frei und errichtete eine Steinmauer im Halbkreis.

Die Aufstellung der Marienstatue erfolgte – auf Anregung Koeberles – drei Jahre später gegen alle anfänglichen Widerstände der Behörden und trotz des unwegsamen Geländes dank der Hartnäckigkeit und des Erfindungsreichtums von Hagen Böhnisch, der im Übrigen durch die Arbeit an der Quelle und der Marienstatue ebenfalls wieder gesund wurde. Noch auf dem Sterbebett versprach er Koeberle, auf die Quelle und die Statue zu achten. Offiziell ist das Wasser nicht als Heilwasser deklariert. Laut Böhnisch ist jedoch die Verweildauer des Wassers sehr lang, die Tem-

1 Etwas ausführlicher ist die Botschaft nachzulesen im Heimatkalender Berchtesgaden 2009, Verlag Berchtesgadener Anzeiger.

peratur im Sommer und Winter beträgt gleichbleibend acht Grad und den Spannungsbogen bezeichnet er als hervorragend, ebenso wie die Information des Wassers.

Kurz nach unserem Besuch an der Quelle war ein Fernsehteam des Bayerischen Fernsehens dort und jetzt – so berichtete mir Böhnisch telefonisch – finden immer mehr Menschen den Weg zur Quelle und zur Madonna.

Für meine Freundin Claudia war unser Tag am Untersberg auch ein ganz besonderer: Es war das erste Mal, dass sie einer aufziehenden Migräne entkam, ohne Medikamente zu nehmen. Sie sagte: »Ich war mir einfach sicher, dass die Migräne gegen so viele heilige Orte keine Chance haben konnte.«

Almbach, wie er wenige Schritte von der Quelle den heiligen Berg hinabstürzt

FELSHEILIGTÜMER

Es gibt Wolken, die sehen aus wie Tiere, Baumrinden, die ein Gesicht zeigen, Felsformationen, die Menschengestalt haben oder auch wie Gesichter oder Tiere aussehen. Dieses Phänomen nennt man Simulakra.

»Simulakra sind Nebenprodukte einer tiefen Selbstreflexion der Natur, und viele alte Völker sahen darin ihre Götter. Auch wir können diese Götter noch heute erkennen: mit einem entspannten, aufmerksamen Blick, als würden wir mit uralten Augen sehen«, schreibt Devereux.

Gerade markante Felsformationen manifestieren das heilige Empfinden der Menschen, die es erkennen können.

Auffällige Felsformationen haben Menschen schon immer als heilig erlebt und so entstanden gerade dort ihre Kultstätten. Auch heute noch haben diese Orte nichts von ihrer Heiligkeit eingebüßt und die Steine haben alles gespeichert, was dort je passiert ist. Wer feinfühlig ist, kann Zugang zu diesen vergangenen Erlebnissen bekommen oder sich in eine besondere Stimmung versetzt fühlen.

Alter »Gnom« bei den Bruchhauser Steinen

Feldstein mit kleiner Höhle

Bruchhauser Steine
im Sauerland

Die Felsformationen der Bruchhauser Steine
sind Teil eines Gebirgsrückens, der sich bis
zu Höhen von 800 Metern von den Bergen
des Sauerlandes nach Norden bis zur Briloner
Hochfläche entlangzieht. Dieser Höhenzug
ist in vielerlei Hinsicht Grenzland. Zum einen
verläuft hier die Wasserscheide zwischen
Rhein und Weser. Dann gab es hier eine
Befestigungsanlage – die ältesten Scherben,
die dort gefunden wurden, stammen aus dem
6. Jahrhundert vor Christus –, die die Grenze
zwischen den Stämmen der Sachsen und
Franken markierte. Diese Anlage diente zugleich als Kult- und Ritualstätte. Es könnte
sich hierbei um das bei Tacitus erwähnte
Heiligtum Tamfana handeln. Bewiesen ist
dies allerdings nicht. Nach der Reformation
verlief in etwa hier die Grenze zwischen dem
katholischen Süden und dem protestantischen
Norden. Auf energetischer Ebene erlebte ich
die Bruchhauser Steine als Chakren öffnend.
Besonders die oberen Chakren wurden bei
mir in besonderer Weise angesprochen.
Die vier Einzelsteine – Bornstein, Goldstein,
Ravenstein und Feldstein – liegen am Nord-
westhang des Istenberges. Unterhalb der
Felsen in den Wiesen finden sich Exemplare
des Gefalteten Frauenmantels (Alchimilla
plicata) – der nur in dieser Gegend in Nord-
rhein-Westfalen vorkommt.

*Silhouette, eventuell von
Menschenhand geschaffen*

*Feldstein, mit Blick durch ein
»Fenster«in Richtung eines Gebetsstocks*

Nur einer der vier Felsen – nämlich der Feldstein – ist begehbar. Oder besser gesagt bekletterbar. Es führt ein gesicherter Kletterstieg am Feldstein nach oben zum Gipfelkreuz in 756 Meter Höhe – der Fels selbst ist allerdings lediglich 45 m hoch. Am Fuße des Felsens liegen weit verstreut Felsbrocken und rechts neben dem Kletterstieg ist eine kleine Steinhöhle. Die zog mich als Erstes an. In der Höhle spürte ich spontan, wie sich mein zweites Chakra meldete. Es wurde warm und strömte. Dann begab ich mich auf den Kletterpfad, der größtenteils aus Stufen mit Geländer besteht. Ich stieg schnell und ohne Mühe nach oben und fand unterhalb des Gipfelkreuzes eine weitere kleine offene Felsspalte, in die ich mich mit dem Rücken zum Fels stellte. Die Aussicht war von dieser Stelle etwas getrübt durch vorgelagerte Felsbrocken, aber rechter Hand war der Blick offen zu den umliegenden Hügeln, einem Fenster gleich.

Ich genoss es, hier zu stehen, und merkte auf einmal, wie sich mein Halschakra meldete. Angenehm überrascht von diesem Ort, stieg ich zum Gipfelkreuz weiter. Dort oben ist die Aussicht berauschend und reicht über die Sauerländer Berge bis in die Ebene des Münsterlandes – ja sogar bis zum Teutoburger Wald. Zum Rasten setzte ich mich auf einen kleinen Felsbrocken neben dem Kreuz. Die kleine Mulde im Stein war wie für mich gemacht. Kein Stuhl hätte bequemer sein können. Sie war genau meinem Körper angepasst. Als ich eine Weile dort saß und meditierte, öffnete sich mein drittes Auge mit großer Intensität. Es drehte sich spürbar und eine große innere Klarheit wurde mir geschenkt. Auf einmal öffnete sich auch noch gleichzeitig mein Herzchakra und verband sich mit dem dritten Auge. Mir war, als würde ich schweben hier oben auf dem Felsen. Ich hätte ewig hier droben sitzen bleiben mögen.

Ich war allen Weltensorgen und Problemen entzogen. Zwar konnte ich mich noch an sie erinnern, aber sie hatten keinerlei Relevanz. Mir wurde bewusst, dass der Blick von einer erhobenen Perspektive vieles zurechtrücken kann. Das wirklich Wichtige, so wurde mir

Blick vom Gipfel des Feldsteins ins Sauerland

Gipfelkreuz mit Steinsitz rechts unterhalb

klar, wird sich manifestieren. Alles, was wir zu tun haben, ist, es anzunehmen und uns im Fluss des Lebens geborgen zu fühlen. Burkard Steinrücken von der Westfälischen Volkssternwarte und Planetarium Recklinghausen ist überzeugt davon, dass die Bruchhauser Steine auch als Peilmarken für kalenderastronomische Beobachtungen aus der umliegenden Landschaft genutzt wurden. An den geeigneten Stellen stehen christliche Bildstöcke aus dem 16. und 17. Jahrhundert, die sich auch heute noch als kalendarisch-astronomische Beobachtungsstätten eignen – dies gilt besonders für die Sommersonnenwende (21. Juni), den Sonnenaufgang am 1. Mai (Walburgisnacht) und den südlichsten Mondstand im Meridian.

Auf der Straße von Assinghausen und Bruchhausen steht links hinter einem Kreuz ein kleiner St.-Antonius-Schrein. Von dort hat man einen guten Blick zum Feldstein und zum Ravenstein. Dies ist eine der besonderen astronomischen Beobachtungsstellen. Die Heiligenfigur in der Mitte des Schreins steht mit Dezimetergenauigkeit an der Stelle, von der aus der Sonnenzug an der Kante des Feldsteins am Tage der Sommersonnenwende beobachtet werden kann.

Von all diesen Zusammenhängen wusste ich nichts, als wir uns auf der Landstraße den Steinen näherten, aber ich hatte den dringenden Impuls, an dieser Kurve stehen zu bleiben und auszusteigen. Da erblickte ich auf der anderen Straßenseite das Kreuz und dann den Schrein. Ich ging hinüber und stellte mich mit dem Rücken zum Schrein, sodass ich einen freien Blick auf die Steine hatte

St..-Antonius-Gebetsstock

(eine Entfernung von 1,8 km). Es wurde mir dabei ganz warm im Rücken, auch wenn es dort schattig und zugig war. Aktiviert wurde an diesem Standort die hintere Herzgegend, die bei der Verbindung mit Kontakten zu höheren Dimensionen eine große Rolle spielt. Ich könnte mir vorstellen, dass an dieser Stelle vor der Christianisierung bereits eine heilige Stelle war, die vielleicht genutzt wurde, um Voraussagen über den Ernteerfolg im kommenden Kalenderjahr zu machen.

Dazu passt, dass man in christlicher Zeit den heiligen Antonius, den Schutzpatron der Landwirte, an diese Stelle stellte. Damit hat wahrscheinlich auch eine Umdeutung stattgefunden. In vorchristlicher Zeit war es nämlich die Muttergöttin, die für die Ernte zuständig war und der geopfert wurde. Vielleicht ist dies auch ein vormaliger Opferplatz. Belegt ist dies nicht. Es gibt in der Umgebung noch zwei weitere Bildstöcke, die ebenfalls als astrologische Beobachtungsposten genutzt werden können.

Externsteine bei Paderborn – Kultstätte
verschiedenster Stämme und Religionen

Externsteine – Gesichter, Kreuze,
Symbole, Figuren werden »sehbar«

DIE EXTERNSTEINE

Diese bizzare Felsformation in der Nähe
von Bad Meinberg und dem Hermannsdenk-
mal ist wohl die bekannteste Kultstätte in
Deutschland und zieht jährlich Tausende
von Touristen und zahlreiche Schulklassen
an. Trotz dieser Massen hat sich diese Stätte
ihre mystische Ausstrahlung und eigenartige
Schwingung erhalten. Ich erinnere mich
noch, dass ich bereits im Alter von ca. zwölf
Jahren dort mit meinen Eltern war. Oben
auf dem Felsen, den man über eine kleine
Brücke betritt und wo durch ein rundes Loch
zu bestimmten Zeiten im Jahr das Mondlicht
scheint, kam ich mir als junges Mädchen
plötzlich vor wie zeitversetzt.

Ich sah vor meinem geistigen Auge Priesterinnen in langen wallenden Gewändern, die
auf diesem Felsvorsprung ein heiliges Ritual
abhielten, und unten auf der Wiese vor den
Steinen sah ich eine Menschenmenge, die
zuschaute bzw. teilnahm. Ich wusste damals
noch nichts von all diesen Dingen. Meine
Eltern sind streng katholisch und mit »heid-

nischen« Bräuchen hatten wir in der Familie keinerlei Berührungspunkte. Trotzdem war ich seltsam berührt an diesem Ort und spürte eine starke Sehnsucht in mir aufsteigen. Am liebsten wäre ich in diese Zeit zurückgegangen, so irreal es mir auch erschien.

Höhenkapelle (Sacellum),
bestimmen des Mondstandes zur
Sonnenwendzeit durch das Loch

Mein nächster Besuch der Steine – ca. 36 Jahre später – war im Rahmen eines geomantischen Seminars, geleitet von Sharada Steffens. Es war Sommersonnenwende und wir wussten, dass zu diesem Zeitpunkt kultische Hochsaison an den Externsteinen war. Wir hatten im nahen Waldrücken ein kleines Ritual abgehalten und bewegten uns nun mit einer Fackel auf die Externsteine zu. Sharada hatte uns empfohlen, uns gut zu schützen, denn an diesem Tag seien nicht nur lichte Gestalten unterwegs. Je näher wir den Steinen kamen, umso klarer konnten wir wildes Trommeln hören. Auf der großen Wiese vor den Steinen waren lauter Zelte aufgeschlagen, Lagerfeuer brannten und überall wurde getrommelt, getanzt und Menschen standen in kleinen Grüppchen zusammen. Ein riesiges Eso-Festival. Die Menschen waren teilweise altertümlich gekleidet und manche sahen aus, als würden sie schon tagelang dort kampieren. Die Energie war aufgewühlt und unterschwellig bedrohlich. In der Nähe des Kassenhäuschens stand ein Mannschaftswagen der Polizei. Aber trotz dieser aufgewühlten Stimmung war alles friedlich. Das war nicht immer so gewesen. Es hat schon Jahre gegeben, da war es zu Ausschreitungen zwischen sich nicht wohlgesinnten Gruppen gekommen. Auf den Felsen waren an vielen Plätzen Kerzen aufgestellt und Blumen niedergelegt. Wir stiegen die Felsen hinauf und als ich diesmal an dem Felsvorsprung vor dem Mondloch stand, war die Wiese tatsächlich mit Menschen gefüllt. Was fehlte, war ein Ritual, das alle vereinte. Es herrschte keine einheitliche Schwingung, vielmehr waren viele unterschiedliche Ausstrahlungen spürbar. Wir hielten uns nicht lange an den Steinen auf und folgten Sharada auf eine kleine Elfenwiese auf der anderen Seite des Sees. Dort war die Atmosphäre licht und wunderbar sanft. Als hätten wir uns abgesprochen, stellten wir uns spontan gleichzeitig mit weit ausgebreiteten Armen auf die Wiese und genossen die Stimmung und die hohe Schwingung vor Ort. Ein Platz zum Auftanken in reiner, hellster Freude. Ich sang kosmische Klänge und wir schickten liebevolle Gedanken an die Trommler und alle Feiernden. Ganz beschwingt, geradezu trunken vor Glück begaben wir uns auf den Rückweg, vorbei an einem Steinkreis, der wohl auch rituell genutzt wird – heute aber seltsamerweise leer und verlassen dalag. Trotzdem: Die Energie der Menschen, die diesen Kreis errichtet haben und ihn wohl auch regelmäßig besuchen und nutzen, war spürbar vorhanden. Wir baten um Erlaubnis, den Kreis betreten

zu dürfen, und sangen auch dort nochmals Mantren der Kraft.

Zwei Tage später gingen wir mit einer kleinen Frauengruppe erneut zu den Steinen. Diesmal im Morgengrauen, leichte Nebelschwaden hingen in den Sträuchern und die Wiese war taufeucht. Die Zelte waren wieder weg, nur noch wenige Spuren erinnerten an das Gelage der vergangenen Tage. Still standen die Steine da. Äußerlich unbeeindruckt von dem Geschehen. Wir näherten uns mit Ehrfurcht. Etwas Heiliges lag in der Luft. Auf den Stufen des ersten Steins, über der Stelle, wo unten eine Grabkammer am See liegt, die auch als Einweihungskammer bezeichnet wird, und wo die Energie sehr dicht ist und wie in einem Kamin nach oben steigt, setzten wir uns knapp unterhalb des Gipfels auf unsere Meditationskissen. Ich sang und hatte das Gefühl, in der Ewigkeit anzukommen. Meine Töne verbanden sich mit den Steinen, der kühlen Morgenluft, und ich fühlte mich merkwürdig entrückt dort oben auf dem Stein über der heiligen Kammer. Dann fielen wir in eine wortlose und stille Meditation. Zum Abschluss sangen wir noch gemeinsam ein Mantra und plötzlich hörten wir eine Stimme vom Gipfel des Steins, die einstimmte. Erstaunt – ja ein wenig erschrocken – blickten wir nach oben und sahen einen Mann, der dort stand und auf uns herabschaute. Es stellte sich heraus, es war ein Belgier, der mit seinem Fahrrad zur Sonnenwende zu den Externsteinen gefahren war und seine letzte Nacht in seinem Schlafsack, umgeben von riesigen Rosenquarzsteinen als Wächtern, oben auf dem kleinen Plateau auf dem zugigen Stein verbracht hatte. Unser Kommen im Morgengrauen war für ihn keine Überraschung, er hätte es schon am Vorabend gefühlt, erklärte er uns strahlend. Und ansonsten hätte er in der Nacht auf dem Stein Klarheit über seinen weiteren Lebensweg erlangt. Wir halfen ihm beim Hinabtragen der schweren Rosenquarze, die er tatsächlich auf seinem Fahrrad verstaute, und wanderten zurück zum Parkplatz, erfüllt von dem Wissen, in einer spannenden und transformativen Zeit zu leben.

Die Externsteine – es sind sieben Einzelsteine in einer beeindruckenden, magischen Gruppe – wurden in vorchristlicher Zeit als Heiligtum und Kultstätte von den verschiedensten Stämmen genutzt. Man nimmt an, dass es sich hier um das zentrale germanische Heiligtum handelt. Auch der Standort der Weltensäule Irminsul wird hier vermutet.

Die Externsteine liegen im Grenzgebiet von neun Germanenstämmen im heutigen Teutoburger Wald, der im 18. Jahrhundert »Osninghain« – also Hain der Götter – hieß. Ähnlich wie die Bruchhauser Steine können die Externsteine als Sternwarte bezeichnet werden. Allerdings ist es nicht der Sonnenlauf, sondern die Mondbahn, die hier im Vordergund steht. Bei der Sommersonnenwende scheint nämlich der Mond exakt durch dieses kreisrunde Loch in der Höhenkapelle – auch Sacellum genannt. Es kann also vermutet werden, dass hier an den Externsteinen die weiblichen Mondkräfte verehrt wurden, an den Bruchhauser Steinen eher die männliche Sonnenkraft. Um das Weibliche dieser Steine zu stärken, hatte Königin Luise von Preußen – eine Eingeweihte und den Erdkräften sehr verbundene Frau – den See direkt neben den Steinen anlegen lassen. Eine gelungene Ergänzung, die das Mysterium der Steine um die transformativen Kräfte des Wassers gesteigert und vertieft hat. Oder die Steine (männliches Prinzip) mit dem weiblichen Prinzip des Wassers auch im Außen vereint und zur Symbiose gebracht hat.

Leider haben im Dritten Reich auch die Nazis versucht, von Kraftorten wie den Externsteinen (aber auch anderen Orten)

*Reste einer rituellen Feier
nahe der Externsteine*

zu profitieren. Sie wussten offenbar um die großen verborgenen Möglichkeiten und wollten sie für ihre Zwecke nutzen.

Bedeutsame, bekannte Kraftplätze wurden in vielen geschichtlichen Zusammenhängen von den Mächtigen benutzt, um ein Volk, einen Stamm zu beeinflussen und die eigene Macht zu übertragen und zu festigen. Deshalb ist es sehr wichtig und angebracht, diese Plätze von diesen zerstörerischen Energien wieder zu befreien und zu reinigen. Das machen Gruppen an den Externsteinen und auch an anderen Orten. Aber im Prinzip kann dies jeder, der diese Plätze besucht, indem er um Aufhebung der alten Energiefelder bittet und die Umgebung mit Liebe und Vergebung flutet. Das kann jede(r) auf seine

Weise tun. Es ist nicht wirklich wichtig, wie, es ist nur wichtig, dass etwas im Lichte der Liebe getan wird. Diese Arbeit wird Auswirkungen weit über die Orte haben, denn die Kraftlinien von diesen Plätzen strahlen über das Land hinaus.

Große und wichtige Kraft- und Energieorte stehen häufig miteinander in Verbindung. So existiert eine Verbindung zwischen den Externsteinen mit der Cheopspyramide und Salvage auf den Kanarischen Inseln (die für einige Forscher Reste des versunkenen Atlantis darstellen). Miteinander verbunden, ergibt sich ein gleichschenkliges Dreieck mit dem 52-Grad-Winkel der Cheopspyramide. Zufall? Wohl kaum!

DAS FICHTELGEBIRGE

Das Fichtelgebirge gilt von jeher als ein mystisches Gebirge, das immer wieder zahlreiche Schriftsteller angezogen und inspiriert hat. Von oben betrachtet sieht es aus wie ein riesiges Hufeisen mit Öffnung nach Nordosten. Vier Flüsse fließen von dort in vier Himmelsrichtungen in die großen Ströme Europas: in die Elbe, die Saale (die dort entspringt), den Main, die Donau. Von hier ergießt sich also ein Energiestrom, der Mitteleuropa von der Nordsee bis zum Schwarzen Meer verbindet, denn die Energie fließt geomantisch betrachtet stets in beide Richtungen. Das Gestein des Gebirges tut ein Übriges, um zur Transformation und Inspiration einzuladen. Die Bergrücken bestehen größtenteils aus Grantit – ein Gestein, das Lernprozesse fördert und einem hilft, eigene Potenziale besser zu nutzen. Er schenkt zudem Kraft und Energie. In den Tälern findet sich Phyllit, das dabei unterstützt, Vergangenes zu beenden und auch emotional loszulassen. Es hilft bei der Selbstreflexion und bei Wandlungsprozessen. Diese Gesteinskombination begünstigt eine tiefe Ruhe und ein tiefes Ankommen in seelischen Gründen. Das Fichtelgebirge hat auf recht überschaubarem Raum eine ganze Vielzahl von wundersamen Orten, Ruinen und Steinformationen, die verzaubern. Irgendwie hat man überdies den Eindruck, dass hier die Welt etwas stillgestanden hat, in einen Dornröschenschlaf gesunken ist. Touristisch ist die Region ein wenig in Vergessenheit geraten, nachdem es in der Romantik eine viel besuchte Sommerfrische für Adelige und gekrönte Häupter und wohlhabende Bürger aus Europa war.

DER GROSSE WALDSTEIN

Eines dieser Felsmysterien des Fichtelgebirges ist der große Waldstein am Münchberger Gneis. Dort sind rund um die Ruine des »Roten Schlosses« zahlreiche verwunschene Felsen mit Namen wie Teufelstisch, Waagstein, Burgfräuleintreppe, Feen- oder Jungfrauengrotte, Bärenfang, Druidenfelsen und Mausefalle.

Dieser Ort zog mich schon allein der Namen wegen ganz eindeutig an und so setzte ich ihn auf die Liste der zu besuchenden Stellen. Allerdings war es gar nicht so leicht,

Granitblöcke, durch Verwitterung in
abgerundete Tafeln und Platten verwandelt

ihn ausfindig zu machen. Auf unserer Karte war er nicht verzeichnet, in einer Beschreibung der Kraftorte der Region war nur die Rede davon, dass er sich in der Nähe von Weißenstein befindet. Dort – so dachte ich – würde es Hinweisschilder geben. Aber weit gefehlt. Nichts dergleichen und auch die Menschen, die ich befragte, wussten mit der Bezeichnung Teufelstisch wenig anzufangen. So umrundeten wir zunächst den Weißensteinsee, begleitet von großartigen Wolkenformationen. Dann hatten wir Hunger, aber die Gaststätten hatten bereits den Mittagstisch abgeräumt. Leicht missmutig entschlossen wir uns schließlich, weiterzufahren und die Entde-

ckung des Teufelstisches und des Waagsteins (das waren die einzigen Hinweise, die ich damals hatte) ad acta zu legen. Es gibt eben Orte, die wollen nicht gefunden werden. Diese Erkenntnis hatte ich mit auf die Reise genommen. So verließen wir Weißenstein in Richtung Münchberg. Unsere Mägen knurrten noch immer und als wir plötzlich auf der Landstraße in einem Wald das Schild »Gasthof Waldsteinhaus« entdeckten, gab es nur eines: Lenkrad herum, nichts wie hin zum Gasthof. Die kleine schmale Straße wand sich einen Berg hinauf, Kurve um Kurve, und kein weiterer Hinweis auf einen Gasthof. Waren wir einer Fata Morgana aufgesessen? Doch

Felsgesicht

Teufelstisch

dann sahen wir in der Ferne doch noch ein Haus. Davor angekommen, war mir, als träfe mich der Schlag: Hohe Granitblöcke erhoben sich linker Hand und mir war plötzlich klar: Nun hast du es doch noch gefunden. Es ist eben von Vorteil, dem Bauchgefühl zu folgen. Selbst wenn es der Hunger ist, der schiebt. Gelohnt hat es sich auf jeden Fall. Eine ruhige und zugleich anregende Atmosphäre. Wenig Leute (aber diese waren besondere Begegnungen), viel Zeit zum Spüren und Genießen.

Der sagenumwobene Teufelstisch – bei dem sich zur Mitternachtsstunde Kobolde, Dämonen und Poltergeister mit einem eisernen Kar-

tenspiel lärmend die Zeit vertreiben sollen – rief bei mir keinerlei Resonanz hervor. Da war für mich absolut nichts zu spüren. Andere mögen das anders empfinden. Mich zog es nach oben zum »Schlüssel«, einem Aussichtspavillon auf dem Großen Waldstein, dem ehemaligen »Lug-ins-Land« der ersten Waldsteinburg. Dort fließt eine feine, reine und belebende Energie und die Aussicht über das Fichtelgebirge ist grandios und erhebend. Wer sich darauf einlassen kann, mag es auch als Schlüsselenergie empfinden, die hilft, verborgene Seelenanteile zu entschlüsseln bzw. aufzuschließen. Ganz in der Nähe des Waldsteins entspringt übrigens die Saale.

Das Felsenlabyrinth (Luisenburg) in Wunsiedel

Es gibt Seelenlandschaften, die von Menschenhand geschaffen wurden. Das Felsenlabyrinth Luisenburg im Fichtelgebirge nahe der tschechischen Grenze ist so ein Ort. Königin Luise von Preußen, die sich mit ihrem Gatten Friedrich Wilhelm III. 1805 fast drei Wochen in Alexandersbad am Felsenlabyrinth aufhielt, war von diesem gestalteten Steinparadies hellauf begeistert. Zu ihren Ehren wurde die ehemalige »Luxburg« umbenannt in Luisenburg. So schrieb sie an ihren Bruder Georg:

»Aber das muss ich dir noch sagen, dass die Natur hier wirklich unbegreiflich schön und groß ist … ein wahres Eden!«

Das Felsenlabyrinth ist ein Landschaftsgarten und hatte seine Ideen-Wiege im englischen »landscape gardening«. Ziel dabei ist es, möglichst natürliche und freie Landschaften entstehen zu lassen. Es war auch politisch ein Ausdruck der damaligen parlamentarischen Tradition in England, ganz im Kontrast zu dem absolutistischen Frankreich, in dem die Natur in den Gärten strengen Regeln unter-worfen und angepasst wurde. Das Felsenlabyrinth war demnach auch als Bürgergarten angelegt. Das war eine neue Entwicklung, denn sonst waren große und besondere Gärten stets an einen adeligen Hof gebunden. Auf der Luisenburg sollte jedoch nur eine Göttin walten: die Natur.

Sicherlich war bereits die Ausgangsland-schaft an einem von Felsblöcken nur so über-rollten Berghang ein ganz besonderer Ort mit geheimnisvoller und mystischer Ausstrahlung.

Granitblöcke im Felsenlabyrinth

Felsenlabyrinth: gigantisch … prägnant … verwunschen

Es soll an der Stelle auch eine Ritterburg gestanden haben, von der allerdings nicht viel mehr als eine Treppe und ein großer Stein des Bergfriedes erhalten sind. Erst durch die Bemühungen eines 15-köpfigen bürgerlichen Kreises einer Akademie in Wunsiedel wurde beginnend 1788 dieser wilde und weitgehend unberührte Standort begeh- und erfahrbar gemacht. Das alles stand auch hier unter dem aufgeklärt-philosophischen Motto »Vor der Natur sind alle gleich«. Die Wege im Felsenlabyrinth sind diesem Grundsatz treu und verlangen oftmals ein Sichbücken, ja sogar Durchkriechen durch enge Felspassagen. Dies sollte als »vernünftiger Bückling« vor der Natur den Besuchern zeigen, dass der Mensch nicht über der Natur steht, sondern vielmehr ein Teil von ihr ist.

Johann Wolfgang von Goethe war ebenfalls ein Verehrer des Felsenlabyrinths und er besuchte das Fichtelgebirge dreimal. Bei seinem Besuch 1820 – als die gärtnerische Gestaltung ihren Höhepunkt erreicht hatte – schrieb er:

Wolfsschlucht … Teufelstreppe … Steinstufenaufgang

»Die Felsmassen (…) bilden ein Labyrinth, welches ich vor vierzig Jahren mühsam durchkrochen, nun aber, durch architektonische Gartenkunst, spazierbar und im Einzelnen beschaulich gefunden.«

Der Rundweg durch das Felsenlabyrinth wird mit zwei Stunden beziffert. Wir brauchten ungefähr fünf! Denn unsere Begeisterung, hinter jeder Biegung neue, grandiose Felsformationen vorzufinden, neue Energiestrukturen, neue Einsichten, neue Gefühlsregungen,

neue Verknüpfungen, hielt an bis zum letzten Meter. Immer wieder mussten wir uns fast erholen von der Intensität des Erlebens. Wir hatten aber auch das Glück, am vorletzten Tag vor der Schließung im Herbst dort zu sein. Zu einer Zeit also, in der es dort relativ ruhig zugeht. Ich fürchte, in den Sommermonaten ist dieser Felsengarten überbevölkert und stille, kontemplative Momente wären nicht möglich gewesen. So jedoch waren wir schon nach den ersten Metern wie in einem Rausch. Wir verspürten trotz der langen

Mariannenhöhe – eine künstliche Ruine

Drei Brüder

Stunden, die wir dort verbrachten, keinen Hunger und kaum Durst. Ab und zu überholten uns Besucher, oft mit Kindern, die vor Entdeckerfieber geradezu nach vorne gezogen wurden. Ich habe kein einziges nörgelndes oder unzufriedenes Kind dort erlebt. Alle schienen von der besonderen Atmosphäre verzaubert zu sein.

Einmal hörte ich ein Mädchen – es stand auf festem Grund und schaute fasziniert auf den Boden unter seinen Füßen – sagen: »Oh je, da ist ein großes Loch, da zieht mich gleich ein Geist rein …« Und dann sprang sie mit ihrer Freundin übermütig um die nächste Ecke.

Aber nicht nur auf Kinder wirkt das Labyrinth erfrischend und belebend. Auch ältere Semester schienen von einer schier unentrinnbaren Energie vorwärtsgezogen zu werden. Alle stiegen beschwingt und wie mühelos die steilen Treppen und Wege bergan, als sei es ein Kinderspiel. Nur wir verweilten nach fast jeder Biegung – um Fotos zu machen und zu spüren und wirken zu lassen. Und auch unsere Energie schien ohne Ende. Normalerweise kann ich nicht lange herumstehen –

Am »Napoleonshut« bzw. »Schiff«

Hardenberggrotte

aber diesmal war das überhaupt kein Problem. Irgendwie hat dieses Felsenlabyrinth einen beflügelnden und energetisierenden Effekt. Ob das nun an der geschickten Gestaltung liegt oder daran, dass ein an sich hochschwingender Ort durch eine glückliche und »artgerechte« Behandlung noch höher schwingen konnte, wer weiß das schon. Am besten ist es, Sie fühlen sich selbst dort ein. Die 25 besonders gekennzeichneten Stellen haben fast alle ihre ganz eigene Energie. Meine Favoriten sind der Jean-Paul-Platz mit Regenschirmfelsen, die Mariannenhöhe, die

Dianenquelle sowie der Weg durch die Wolfsschlucht. Aber im Prinzip sind alle 25 Stellen einfach atemberaubend. An anderen Stellen würde bereits eine einzige Felsformation ausreichen, um die Menschen anzuziehen. Hier sind 25 zusammen erlebbar!

Am Ein- beziehungsweise Ausgang des Rundweges steht die Felsenbühne der Luisenburg-Festspiele. Eine sehr starke Akustik und die Ausstrahlung des Ortes allein garantieren für ein unvergessliches Unterhaltungserlebnis an der ältesten Naturbühne Deutschlands.

Hacklstein im Naturpark im Steinwald, Teil des »Goldsteigs« von Münchberg bis Goldkronach

DIE HACKLSTEINE UND WALLFAHRTSKIRCHE FUCHSMÜHL

Auch hier war es wieder der Hunger, der uns den Weg weisen sollte. Ich hatte in einem Internetforum Bilder der Hacklsteine gesehen und fand sie sehr anziehend. Aber es waren (mal wieder) keine genauen Ortsangaben damit verknüpft. Aber ich hatte ja sowieso beschlossen, mich führen zu lassen auf dieser Reise. Das, was sich ergibt, ist gut, das, was sich verschließen möchte, wird in Ruhe gelassen. Es war einer der wenigen regnerischen Tage, die wir auf den gesamten Reisen hatten, und so beschlossen wir, uns per Auto führen zu lassen (auch das geht recht gut). Wir legten nur anhand der Karte grob eine Route fest

und los ging es. Nach dem Besuch der Ruine Weißenstein, die im Nebel durchaus eine geheimnisvolle Atmosphäre bot, aber energetisch eher unspektakulär daherkam, hatten wir vor, eine kleine Pause in der Wallfahrtskirche in Fuchsmühl einzulegen.

Das war eine angenehme Überraschung. Die Fuchsmühler Kirche ist nämlich ein Marienheiligtum. Erst stand an dieser Stelle nur eine einfache kleine Kapelle, die dann aber von 1710 bis 1726 zu einer größeren Wallfahrtskirche ausgebaut wurde. Die Geschichte der Entstehung ist auf einer Tafel links vom Gnadenaltar nachzulesen.

Demnach erschien dem jungen Gerichtsschreiber Jakob Scharf 1642 an dieser Stelle ein Licht und im Schlaf wurde ihm aufgetragen, dort eine junge Linde vom nahen Teichelberg zu pflanzen, was er auch tat. Als die Linde zu einem stattlichen Baum herangewachsen war, ritt eines Morgens der Freiherr Christoph Daniel von Froschheim – der damalige Hofmarksherr von Fuchsmühl – vorbei. Auf einmal wurde er von zwei brennenden Lichtern überrascht, die er bei der Linde erblickte. Darin erkannte er, was ihm vorher schon mehrfach im Traum erschienen war, verbunden mit der Ermahnung, eine Kapelle mit dem Namen Maria Hilf bauen

zu lassen. Aber – wie es so im Leben geht – hatte der Freiherr von Froschheim niemals dazu die Zeit; er war ein vielbeschäftigter Mann, obwohl sich die Erscheinungen des Lichts an der Linde stetig wiederholten. Auf dem Sterbebett überfiel ihn dann aber doch größte Angst, dass er diesem göttlichen Auftrag niemals gefolgt war, und so übertrug er das Vorhaben an seinen ältesten Sohn und Erben Franz Heinrich Dionysius von Froschheim. Dieser bemühte sich, eine Kapelle errichten zu lassen, stieß aber überall auf

*Barocke Wallfahrtskirche in
Fuchsmühl – ein Marienheiligtum*

Schwierigkeiten. In seiner größten Not wandte er sich an die Schmerzensmutter in der heiligen Gruft des Kurfürstlichen Hofes in München. Während der heiligen Messe, die er deshalb lesen ließ, sagte ihm eine Stimme, er solle die Muttergotteskapelle in Fuchsmühl unter der Linde erbauen lassen. Dann würde er in all seinen Anliegen glücklich sein. Wörtlich heißt es jetzt auf der Tafel: »Kaum hatte er solches durch sein eigenes Gelöbnis verheißen, als himmlicher Trost sich in sein Herz ergoss und seine Sache zum Besseren wandte. Alle seine Wünsche wurden gewährt und er mit verschiedenen wichtigen Ämtern betraut.« Zugeführt wurde ihm gleichsam das Gnadenbild, das er am berühmten Gnadenbild von Passau berühren ließ. Die Kapelle ließ er unverzüglich nach seiner Rückkehr erbauen. Schon bald pilgerten immer mehr Menschen zum Gnadenbild und damit häuften sich auch die Dankesbezeigungen in der Kapelle.

Auch mir wurde ungeheure Tröstung geschenkt vor diesem Gnadenbild, das unten am Altar ein Maria-Magdalena-Zeichen trägt. Obwohl es in der Kirche äußerst kühl, um nicht zu sagen kalt war, verharrte ich lange Zeit – fast eine Stunde wird es wohl gewesen sein – vor diesem Bildnis.

Begehbares Plateau
oben auf dem Hacklstein

Als ich wieder in die helle Welt hinaustrat, fühlte ich mich leicht, zuversichtlich und glücklich. Und wir hatten Hunger! Unsere Bäuche knurrten um die Wette. Der Gasthof direkt neben der Kirche war geschlossen, ein anderer etwas weiter die Straße entlang sah auch nicht einladend aus. Was tun? Auf dem Weg zurück zur Kirche bemerkte ich ein kleines Schild. »Gasthof Hacklwirt 500 m«

stand da. Nichts wie hin. Als ich auf dem Parkplatz aussteige, bleibt mein Blick an einem kleinen, verwitterten und unscheinbaren Holzschildchen hängen: »Hacklsteine« heißt es da mit einem Pfeil den Berg hinauf. Unglaublich, aber wahr. Nach dem guten und preiswerten Essen brechen wir auf zu den Hacklsteinen. Als wir die Tür des Gasthofes öffnen, strömen an uns fünf wilde Mannsbilder vorbei, hinein in die wärmende Stube. Allesamt rochen sie nach Wald und Abenteuer. So als hätten sie Tage in der Wildnis verbracht. Hatten sie auch, wie sich im kurzen Gespräch herausstellte. Dieser virulenten Männlichkeit kann sich frau nur schlecht entziehen. Dies waren keine gezähmten Bürohengste, die mal ein wenig in der Wildnis spielten. Die hier waren echt. Solche Exemplare finden sich nur noch selten. Waren früher alle Männer so? Meine Freundin beginnt zu schwärmen, kaum dass wir den Gasthof verlassen haben. Sogar Tage später hat sie den Anblick noch nicht ganz verdaut. Meine Güte, sahen die gut aus. So archaisch verwegen und stark! Es war das Prinzip der Männlichkeit, das sich uns hier in seiner ganzen Fülle präsentierte.

Auch die Hacklsteine waren voller männlicher, klarer Energie. Auf dem größten Stein, den man besteigen kann, stand früher ein kleiner Kiosk, jetzt ist dort eine leere Plattform. Yang-Qualität vom Feinsten. Oder liegt es daran, dass unsere Yin-Kräfte nun energetisch den Ausgleich suchten? Kam uns deshalb alles so von Yang geprägt vor? Orte, Begegnungen und Energie verschmelzen, tauschen sich aus, sind synchron und fügen sich zu einem Gesamtbild. Die Hacklsteine sind für uns männlich geprägt und mein Gesang dort war sehr weiblich inspiriert. Yin und Yang streben den Ausgleich an und regen einander an, in der Einheit zu verschmelzen. Auf dem Rückweg begegnen sie uns wieder. Kurze Scherzworte hin und her und wir sind weiter. Werden sie an den Hacklsteinen kampieren? Dort, wo unsere weibliche Energie jetzt noch schwebt? Diese Begegnung fand strikt auf einer un- bzw. überpersönlichen Ebene statt. Sie war nicht gebunden an die konkreten Personen, sondern an das, wofür sie standen. Ursprüngliche Männlichkeit, die ursprüngliche, archetypische Weiblichkeit weckt. So sind die beiden Pole von Yin (Wallfahrtskirche) und Yang (Hacklsteine) in Fuchsmühl sehr schön miteinander verbunden und können im bewussten Austausch erlebt werden.

DER HARZ

Kaum ein anderes Gebirge in Deutschland ist so sehr mit Hexen und übernatürlichen Erscheinungen verbunden wie der Harz. Eine Hochburg der Hexen und Teufel sozusagen. Der Brocken ist in der Sage der Blocksberg, den die Hexen zur Walpurgisnacht (1. Mai) auf ihren Besen umfliegen. Und im Bodetal läuft die Vermarktungsmaschinerie der Hexen samt ihrem Zubehör auf Hochtouren.

HEXENTANZPLATZ

Was so vielversprechend klingt, ist bei Ankunft auf dem Berg oberhalb des Städtchens Thale zunächst eine echte Enttäuschung. Es herrscht touristischer Superrummel mit einer Großgaststätte, unzähligen Andenkenläden mit Hexen jeder möglichen und unmöglichen Couleur, und dann ist da noch dieser fürchterliche Steinkreis direkt am Großparkplatz. Von mystischer Ausstrahlung keine Spur. Drei Bronzefiguren – eine nackte Hexe, die ihren entblößten Hintern allen Besuchern entgegenreckt, und ein Teufel, der sich amüsiert

anschaut, wie eine andere Hexe sich bemüht, einen Stein von der Stelle zu wälzen. Es sind recht grobe Darstellungen und über den künstlerischen Wert ließe sich sicherlich streiten. Andererseits zeigt sich darin wohl auch, wie Sexualität ins Ordinäre verbannt wurde von einer lustfeindlichen Gesellschaft, die mit dem freien Leben dieser Urkräfte so ihre Probleme hat. Ursprünglich soll es auf diesem Berg einen anderen Steinkreis gegeben haben, der zu Ritualzwecken von weisen Frauen der Umgebung aufgesucht worden ist. Hier, so ist nachzulesen, sei eventuell auch der Ort gewesen, an dem sich die Hexen versammelten, ehe sie zum Brocken losflogen.

Verwunschene Plätze beim Hexentanzplatz

Wer sich ein wenig vom touristischen Rummel entfernt und stillere Wege erkundet, der wird dann wiederum angenehm überrascht sein von der doch noch existenten Heiligkeit der Landschaft. Es ist ratsam, sich von den Bäumen führen zu lassen. Sie zeigen und bilden an einigen Stellen Tore, die Wege markieren, die in die Stille und Abgeschiedenheit führen. Schon nach wenigen Metern erfüllt einen eine gänzlich andere Schwingung und die Seele kann wieder frei atmen und ihre Fühler ausstrecken.

DIE ROSSTRAPPE

Auf der anderen Seite des Bodetals zieht eine weitere mystische Attraktion Besucherströme an. Die Rosstrappe steht auf einer sogenannten Kanzel – einem Felsvorsprung hoch über dem Flüsschen Bode. Das allein garantiert ein besonderes Empfinden von Leichtigkeit und Reinheit. Dort, knapp vor dem Abgrund, findet man einen besonderen flachen Stein mit einer Vertiefung mit Löchern in Form eines überdimensionalen Hufabdrucks. Der Sage nach setzte hier die Königstocher Emma nach dem Sprung mit ihrem Rappen wieder auf und hinterließ diesen Abdruck.

Hufabdruck eines Opfersteins?

Emma, deren Haar und Krone wie der Sonnenschein leuchteten, war nämlich auf der Flucht vor dem düsteren Bodo. Den hatte sie zwar schon mehrfach abgewiesen, aber nun wollte er sie mit Gewalt nehmen. Er stürmte auf die Lichtgestalt zu, dass Erde und Himmel dunkel erdröhnten. Sie floh auf ihrem Pferd vom Riesengebirge bis in den Harz in einer wilden, halsbrecherischen Jagd über Länder und Seen bei Sonne und Schatten, Wind und Wetter. Im Harz gelangte sie an eine tiefe Schlucht, der finstere Bodo ihr dicht auf den Fersen. Da sprang sie leicht wie ein Sonnenstrahl über das tiefe Tal, verlor im Sprung ihr Krönchen, das in den Fluten der Bode verschwand. Der dunkle Bodo jedoch schaffte den Sprung nicht und versank mitsamt seines Gauls im Strudel. Dort bewacht er seither als schwarzer Hund im Bodekessel die Krone. Gehoben hat sie bis heute noch niemand.

Sagen und Legenden müssen nicht gedeutet werden, da sie im Unbewussten wirken und auf einer tiefen Ebene »einfach« so verstanden werden. Wer möchte, kann sich ja trotzdem einige Gedanken zu den Stichworten Liebe, Freiwilligkeit, Verlust, Aufgehobensein, Suche und Beschützen machen.

TEUFELSMAUER BEI BLANKENBURG

Das Städtchen Blankenburg am östlichen Harzrand erscheint an einigen Stellen noch wie aus dem Mittelalter. Die Burg thront hoch über der Stadt und viele alte, ehrwürdige – zum Teil noch nicht renovierte – Villen laden ein zum Träumen. Die Teufelsmauer, die in der Stadt beginnt und sich weit ins Umland hinauszieht, ist ein kleiner Bergrücken mit markanten Steinen und viel Wald. Es sind mehrere Wege in diesem Terrain zu entdecken, oben entlang führt ein Gratweg mit Kletter-einlagen, der abwechslungsreiche und schöne Aussichten in Fülle bietet.

Abwechslungsreicher Weg am Grat

Großvaterfelsen – zum Beklettern

Blick vom Großvaterfelsen

Zwei größere Erhebungen – direkt neben-
einander – laden ein zum Besteigen. Am
bekanntesten und auch mit einem kleinen
Kletterstieg versehen ist da zunächst der
Großvaterfelsen. Es ist eine recht markante
Erhebung und in der Tat von der Energie
her männlich geprägt. Er vermittelt Klarheit,
Direktheit und Überblick.

Daneben – in Richtung Stadt – liegt der
Großmutterfelsen.

Blick zum Schloss Blankenburg

*Wege, Bäume und Felsen
an der Teufelsmauer*

*Heiliger Platz auf dem
Großmutterfelsen*

72

Den Weg hinauf muss frau sich selbst suchen – er ist nicht pfeilgerade, sondern geschlungen. Dort oben findet sich ein lieblicher Platz mit kleineren Steingruppen, der so sanft, so weise, so weich erscheint, dass ich gar nicht mehr wegwollte. Hier ist die Aussicht auf die Stadt auch möglich, aber die Verbindung zur Erde ist ebenso spürbar. Ich konnte regelrecht »sehen«, wie sich hier vor langer Zeit die weisen Frauen aus der Umgebung versammelten, um sich auszutauschen und Rituale abzuhalten. Ihre Energie ist noch immer vorhanden. Der Platz wird nicht von Besuchern überrannt, so konnte vieles bleiben, was andernorts bereits verschwunden ist.

Die Große Mutter, die Leben schenkt und gut und segensreich über ihre Kinder und Enkel wacht, ist hier ganz gegenwärtig. Ein Ort zum Tagträumen und ein Ort für weibliche (Lebens-)Visionen. Hingabe an die Geschehnisse des Lebens sie mit Liebe und geduldiger Annahme zu akzeptieren sind Fähigkeiten, die hier in Frauen geöffnet werden können.

Gleichzeitig ist es aber auch ein Gewahr-werden der großen weiblichen Schöpferkraft, die uns dort durchfluten kann. Ganz Schöpferin zu sein, sich der eigenen Macht gewahr zu werden und neue Dimensionen zuzulassen.

All diese Möglichkeiten sind als Spur dort in subtiler Form hinterlegt und können – auf das eigene Leben angepasst – aufgenommen werden.

Es lohnt sich auch, die Energie zwischen diesen beiden Felsen zu spüren: das Verschmelzen von Yin und Yang – Seelenfeuer und Seelentiefe.

Polare Energie zwischen Großvater- und Großmutterfelsen

EBENEN, MOORE, FLACHLAND (Element Erde)

Auch Ebenen begünstigen den Weitblick, haben aber eine ganz andere Ausstrahlung und Atmosphäre als Berggipfel. Die Ebene ist unmittelbar mit der Erde verbunden. Ist die Energie auf Bergen himmelwärts gerichtet, so weist sie in der Ebene nach unten. Ebenen geben Bodenhaftung. Das ist für Menschen, die gerne leichtfüßig durchs Leben gehen, oft schwer zu ertragen, ist aber eine sehr spannende Erfahrung, wenn man bereit ist, sich darauf einzulassen. Es ist das Gleichförmige, in gewissem Sinne auch das Ewigliche, das Ebenen ausstrahlen. Geduld und Langmütigkeit sind Attribute der Ebene. Das mag sogar ein Ertragen und Sichhingeben mit einschließen. »Muss ja«, ist der bevorzugte Spruch und Seufzer der Friesen, wenn sie gefragt werden, wie es ihnen denn gehe.

Mutter Erde beschert Ebenen dabei oft einen besonders fruchtbaren Boden, was in der Frühzeit die Menschen zu schätzen wussten, die Ebenen gezielt besiedelten. Ihre bevorzugten Kultstätten waren die Gräber ihrer Toten. Die Häufigkeit von Hünengräbern ist gerade im Norden Deutschlands besonders hoch.

Die Grabkammern wurden ausgehoben, der Leib der Göttin war der Ort, an dem der Zugang zur Anderswelt lag. Obendrauf wurden allerdings Steine gelegt und dadurch kam das geistige Element dazu und verwies in eine höhere Dimension. In Norddeutschland gibt es ganze Totenstädte, die gleichzeitig überaus wichtige Kultstätten waren (siehe Totenstadt Oldendorf, S. 81).

In Ebenen treffen an einigen Orten auch Wasser und Erde zusammen. Moore sind wahre Traumlandschaften, denn es ist nie sicher, wo Erde, wo Wasser ist. Die Grenzen sind fließend, nicht klar, eher verschwommen.

*Endloser Himmel, ewig wechselnde
Wolkenspiele und ruhig grasende Kühe
laden ein zum Träumen*

*Eine Brücke ins Weite, wo Inneres
und Äußeres sich berühren*

Es ist im Gegensatz des »Entweder-oder« der
klaren Entscheidung der Berge eine »Sowohl-
als-auch«-Landschaft. Toleranz wäre eine
Eigenschaft, die in moorigen Landschaften
erlernt werden könnte. Das bedeutet jetzt
nicht, dass in Moorgegenden nur tolerante
Menschen leben. Oftmals finden sich dort
auch besonders engstirnige ein, weil sie die
Toleranz noch lernen müssen. Ebenso wie in
den Bergen sich sicherlich nicht jeder Bewohner dadurch auszeichnet, dass er über den
Dingen steht. Allerdings habe ich schon den –
natürlich rein subjektiven – Eindruck, dass
im Süden der Republik, also dort, wo es eher

bergiger zugeht, spirituelle Ideen und Erkenntnisse schneller und bereitwilliger aufgenommen und umgesetzt werden.

Moore – besonders wenn Nebelschwaden
wabern – sind geheimnisvoll und laden ein,
in die Tiefen der eigenen Seele hinabzutau-
chen. In diesen Momenten ist die Weitsicht
sehr eingeschränkt und nur das ganz Nahe
kann noch wahrgenommen werden. Alles
andere ist Spekulation und unsicher. Es ist
vielleicht die Einladung an den Menschen,
sich mit sich selbst, mit seinen eigenen inneren
Schätzen zu beschäftigen und nicht ständig
hinaus in die Ferne zu schweifen.

*Entwässerungsgraben
gegen Überschwemmung*

Wie das andere Ufer erreichen?

GRABANLAGEN

In den Ebenen der Norddeutschen Tiefebene gibt es noch unzählige Grabanlagen: Hügelgräber, Menhire und sogar ganze Totenstädte. Der Schoß der Großen Mutter spendet nicht nur Leben, sie nimmt es auch nach dem Erdenleben wieder in sich auf. Hügelgräber sind Tore in die Unendlichkeit, ja in die Ewigkeit. Die Steine dort bewachen unverrückbar alle Seelenwege in die nächsten Dimensionen. Eine Meditation an einem Hünengrab kann völlig neue Qualitäten in uns wachrufen. Erst durch den Tod besteht gleichzeitig die Möglichkeit, das Neue und Frische anzunehmen und sich dafür frei zu machen. Wir können erst empfangen, wenn die Hände leer sind, mit vollen Händen ist es kaum möglich, noch mehr aufzunehmen. Hügelgräber laden dazu ein, loszulassen, freizusetzen und dann den nächsten Schritt zu wagen. Es sind Orte, die Toren gleichen. Tore in die Anderswelt, aber gleichzeitig Tore zu unseren inneren verborgenen Kräften. Kräfte in uns, die darauf warten, geborgen und freigesetzt zu werden. Denn jedes Ende trägt die Energie des Frischen und Neuen bereits in sich. Zögern wir das Loslassen, den Tod, hinaus, so wird sich eine lähmende Stagnation in uns ausbreiten. Nichts fließt mehr. Dann ist es Zeit, loszugehen, den Tod zu durchschreiten und weiterzugehen.

Transformation durch die Erfahrung der Tiefe wartet auf uns an den heiligen Orten der Ebene: den Hügelgräbern.

*Grabanlagen – Orte, wo
Himmel und Erde
sich berühren können*

*Spezielles Wetter betont
die Kräfte des Ortes*

Steingrab in Sandhatten bei Huntlosen (Oldenburger Land)

Ein sandiger Weg führt in den heiligen Hain, in dem das alte Steingrab liegt. Seine Energie ist schon von Weitem wahrnehmbar. Beim Nähergehen überschreiten wir Energieschwelle um Energieschwelle und die Atmosphäre wird dichter und dichter. Sie führt uns tiefer in den inneren Raum. Dieses Steingrab ist ein Ort der germanischen Frühlingsgöttin Ostara, meint Elke Lopes, unter deren kundigen Füh-

Farben der Meditation –
im Innern wie im Außen

rung wir das Grab besuchen. Die Ortsenergie lässt sich dort am besten in der Dämmerung erleben und so bewegen wir uns langsam spürend vorwärts, während erste Nebelschwaden aus den weiten Wiesen aufsteigen. Für Elke ist es ein Ort seelischer Reinigung und das Wässrige ist deutlich zu spüren, auch wenn äußerlich kein Wasser zu sehen ist.

Nach einem Picknick etwas außerhalb des inneren Punktes des Grabes begeben wir uns zur Meditation direkt hinein in den zentralen, heiligen Bereich. Wir lassen uns nieder, schließen die Augen – die Dämmerung senkt sich weiter und weiter und wir verschmelzen mehr und mehr mit der reinen unschuldigen Energie des Ortes. Der Tod hat hier seinen Schrecken verloren. Alles erscheint bereits geklärt und lädt ein, zur eigenen Klarheit zu finden. Ich verbinde mich innerlich mit meiner inneren Führerin, meiner seelischen Schwester. Und jetzt passiert das Erstaunliche. Muss ich sonst immer »nach oben« steigen, um sie zu erreichen, kommt sie diesmal zu mir herab! Es ist, als würde sich ihre Energie von hoch oben auf mich herabsenken und mir den lichten, hellen, reinen Kanal nach oben frei machen. Ich kann also mit den lichten Höhen verbunden sein und gleichzeitig auf der Erde weilen. Ich muss die Erde dazu nicht verlassen.

Ich brauche keinen hohen Berggipfel für den Aufstieg. Er ist auch gangbar von der Ebene, von der Tiefe her. Nein, umgekehrt! Es ist ein Empfangen der Energie von oben nach unten. Die Phase des Empfangens, der weiblichen Hingabe, des Sich-finden-Lassens, des Geschehenlassens. Weich und weiblich in der Offenheit. Kein aktives Suchen ist nötig. Das zu erleben war ein großes Geschenk für mich, das ich erst in den folgenden Monaten mehr und mehr zu würdigen wusste. Das Besondere aber war, dass Elke den Lichtstrahl, der sich von oben nach unten ergoss, gesehen und gespürt hatte.

Heiliger Hain – Grabanlage in Sandhatten

TOTENSTADT OLDENDORF (LÜNEBURGER HEIDE)

Ein dramatischeres Setting für den Besuch einer Totenstadt hätten wir uns nicht wünschen können. Dunkle zerfetzte Wolken in der Dämmerung, es ist nur eine Frage der Zeit, wann die ersten Tropfen fallen. Ein kühler Wind, keine Besucher, Totenstille. So empfängt uns die Totenstadt Oldendorf bei Amelinghausen in der Lüneburger Heide. Vier Großsteingräber und diverse Hügelgräber aus der Jungsteinzeit warten auf uns. Es ist das erste und einzige Mal auf unserer Reise, dass mir leichte Gruselschauer über den Rücken jagen. Eine geheimnisvolle Heidelandschaft mit mächtigen Einzelbäumen, gerahmt von Waldstücken. Dazwischen liegen die Steingräber in schier unüberschaubarer Zahl. Wege führen durch das Gelände. Einzelne Grabkammern sind begehbar. Zwei Reiter nähern sich. Im Schritt bewegen sie sich durch das Gelände. Vor einer Großgrabanlage scheut eines der Pferde. Es steigt hoch, wiehert und der Reiter nimmt einen anderen Weg. Sind die Geister der Toten von vor 4000 bis 5000 Jahren hier noch zugegen? Ist Zeit sowieso nur eine Illusion? Die Germanen – die Ureinwohner Australiens tun dies übrigens bis heute – waren überzeugt davon, dass die Seelen der Toten in den Grabsteinen weiterleben würden. In Indonesien sind Steine die Wohnstätten der Ahnen. Steine waren im Altertum Zeiger der Zeit. Als Kalendersteine und Orientierungssteine wurden sie von »Priesterastronomen« benutzt, um die Beziehungen zu den Himmelskörpern – und besonders der Sonne und dem Mond – zu definieren.

»Aus dieser Verbindung des Steins mit der Zeit erwuchs wohl auch die Verbindung zu Tod und Sterben. Der Grabstein ist ein allge-genwärtiges Symbol dieser Verbindung auf unseren Friedhöfen«, meint Stefan Brönnle.

Steine haben darüber hinaus die Fähigkeit, Informationen zu speichern. Zeit scheint dabei tatsächlich keine Rolle zu spielen. Der Gang durch die Totenstadt Oldendorf kann ein Gang zu den Kräften der Ahnen und ein Tor in die Vergangenheit sein.

Der Wind nimmt an Stärke zu, er ist jetzt empfindlich kalt und plötzlich prasselt der Regen auf uns herab. Die Tore zur Anderswelt sind offen, die Verbindung zwischen Himmel und Erde manifestiert sich durch das Element Wasser.

Totenstadt Oldendorf (Lüneburger Heide)

Begehbares Grab in der Totenstadt

WASSERLANDSCHAFTEN (Element Wasser)

Natürlich sind Wasserlandschaften auch dem Element des Wassers zugeordnet. Wasser ist ein zutiefst weibliches Element, vielleicht sogar *das* weibliche Element schlechthin. Wasser ist weich und passt sich an. Und doch ist es in seiner Nachhaltigkeit kaum zu überbieten. Wasser findet Wege, die nicht ohne Weiteres sichtbar sind. Wasser und Gefühl gehören untrennbar zusammen.

Zu Beginn der Schöpfung kamen wir aus dem Wasser. Als Kind, das zur Welt kommt, waren wir neun Monate von Fruchtwasser umgeben. Wasser ist der Ort, an dem Leben beginnt. Unsere Körper bestehen zu zwei Drittel aus Wasser.

Wasser ist reinigend – sowohl äußerlich als auch innerlich. Sich intensiv mit diesem Element zu verbinden hat positive Auswirkungen auf das zweite Chakra. Viel Wasser zu trinken ist grundsätzlich eine gute Idee, wer seinem zweiten Chakra Gutes tun möchte, ist gerade damit sehr gut beraten. Schön ist es, wenn das Wassertrinken bewusst geschieht. Nachzufühlen, wie das kühlende Nass durch den Körper fließt. Sich vorzustellen, wie es den ganzen Körper reinigt, erfrischt und kühlt. Achten Sie darauf, möglichst naturbelassenes Wasser zu trinken. Wässer von guten Quellen sind heilend auf den unterschiedlichsten Ebenen. Das ist die Grundlage vieler Kuranwendungen – längere Zeit etwas in Vergessenheit geraten, wird es langsam wieder »neu« entdeckt.

Nur einfach ruhig am Wasser zu sitzen und seinen Geist und seine Seele ganz ins Wasser eintauchen zu lassen, ist einer Meditation vergleichbar. Sich dabei vielleicht vorzustellen, mit dem Wasser eins zu werden. Die Hand zu befeuchten und einige Tropfen auf die Stelle des dritten Auges zu geben (liegt zwischen den beiden realen Augen an der Nasenwurzel) und es wie eine Segnung zu empfinden. Dabei um innere Klarheit zu bitten.

Besonders angenehm ist es auch, in etwa körperwarmem Wasser zu liegen und darin zu schweben. In Bad Sulza gibt es einen besonderen »Wassertempel« mit Unterwasser- musik – genannt »Liquid Sound«. Das heißt, man kann dort ganz entspannt im Wasser liegen (der Partner oder eine gute Freundin gibt unter dem Rücken den notwendigen Halt) und sich ganz der Musik – teilweise mit Wal- und Delfinklängen – hingeben. Man hört die Musik dann so wie damals im Mutterleib. Das bewirkt eine sehr tiefe Ent- spannung, die Schwerkraft ist aufgehoben, alles Schwere fällt gleichsam ab und es ist, als schwebe man. Oben an der Decke befindet sich eine Glasrosette in Mandalaform. Ver- trauen und Hingabe an die Schöpfung stellen sich fast von allein ein. Im Spätsommer kann dies auch im Mittelmeer erlebt werden, wenn das Wasser warm ist und vielleicht beim Sonnenuntergang in ein tiefrosarotes Licht getaucht wird. Von allen Elementen ist das Wasser der Imagination, dem Traum und dem Gesang der Sirenen am nächsten.

Der Schweizer Kraftortforscher Pier Hänni nimmt an, dass alle Wassermoleküle auf der Erde miteinander auf feinstoffliche Weise verbunden sind und ein gigantisches Kom- munikationsnetz bilden. Die feinstofflichen Schwingungen der Gewässer würden dabei unablässig die Natur reinigen, harmonisieren und ausgleichend auf das Klima wirken. Somit wirkt Wasser nicht nur auf individueller Basis heilend, sondern auch global. Die Auf- gabe des Wassers für die Erde wäre daher ver- gleichbar mit der Aufgabe, die die Seele für den Menschen hat. Folglich wäre das Wasser

*Wasser –
Spiegelung der Tiefe unserer Seele*

Wasser – formlos und geformt zugleich

Wasser trägt in Sanftheit

die Seele der Erde. Und damit wären auch alle Plätze am naturnahen Wasser Seelenplätze. Ich erlebe das immer wieder so. Selbst die kleinste Pfütze kann den gesamten Kosmos widerspiegeln, wenn wir uns ihr mit Ehrfurcht und offenen Augen nähern.

Es gab früher Orakelmethoden, bei denen das Medium in einen stillen Tümpel blickt, sich dort ganz hineinbegibt und dann im Wasser plötzlich in eine andere Dimension tritt und die Zukunft sehen kann. Wenn wir in Betracht ziehen, dass Zeit sowieso eine Illusion ist und dass alles parallel abläuft, ist auch dies

im Prinzip keine Zauberei, sondern lediglich das Gewahrwerden einer anderen Dimension.

Im Wasser leben die Wassergeister: Das war früher jedem Menschen ganz selbstverständlich. Meist treten sie als Nymphen in Erscheinung. Die Mütter zahlreicher Götter des Altertums waren Nymphen, wie die Mutter von Merkur oder die Mutter von Venus, die ja selbst als Liebesgöttin aus dem Meer geboren wurde. Überhaupt stehen Wasser und die Liebe in einem engen Zusammenhang. Auch in der Liebe geht es um Hingabefähigkeit, Geschehenlassen, Empfangen, aber genauso

Heute Eis,
morgen wieder im Fluss

In einem Wasserbecken
zeigt sich das Universum

um Leidenschaft und Wildheit. Mit jeder
Liebe erneuert sich das Leben, ebenso wie
Wasser die Kraft zur Regeneration besitzt.

Wassernymphen stehen in enger Verbindung zu Schlangen und Fischen. In Abbildungen werden sie ab dem Bauchnabel mit einem Fischschwanz dargestellt, in älteren Zeiten auch mit Schlangenschwanz. Fische und Schlangen sind Krafttiere der Priesterinnen, Druiden, Heilerinnen und Mystikerinnen. Sie sind Begleiter und Führer in die Anderswelt. Die Schlangenkraft symbolisiert

im Tantra die Verbindung der Sexualkraft mit der spirituellen Kraft und führt so in die Einheitserfahrung im Geschlechtsakt. Somit ist es auch kein Wunder, dass Wassernymphen zu allen Zeiten von Frauen angerufen wurden, um die Wünsche nach einem Geliebten zu erfüllen. Zugleich waren Wassernymphen stets auch große Heilerinnen und heilkundige Frauen sollen häufig ihre Fähigkeiten von den Wassernymphen erhalten haben. In der modernen Psychoanalyse ist Wasser das Symbol der menschlichen Seele.

QUELLEN

Quellen wurden von jeher als heilige Orte betrachtet und galten im Altertum als unmittelbare Zugänge zur Götterwelt. An ihrer Quelle hat das Wasser energetisch betrachtet die höchste Aufladung und Qualität. Je weiter es sich von der Quelle entfernt, umso geringer wird diese energetische Kraft.

Quellen sind geheimnisumwittert und zahlreiche Sagen und Märchen ranken sich um das Wasser des Lebens, das aus bestimmten Quellen fließt und alle Gebrechen heilen kann. Im Altertum gab es Priesterinnen und Priester, die Hüter der heiligen Quellen waren und sich mit den mystischen Qualitäten ihrer Quelle gut auskannten. Sie waren Vertreterinnen und Vertreter der Wassergottheiten und wurden aufgesucht und um Hilfe gebeten bei den unterschiedlichsten Problemen wie Liebeskummer sowie körperlichen und seelischen Leiden. Im Christentum wurden diese heiligen Quellen Maria, der Mutter Gottes, gewidmet (wo sie auch häufig Anwesenden erschienen ist) und sie sind zum Teil bis heute Stätten, wo Wunder stattfinden (z. B. Lourdes).

Häufig entstanden Wallfahrtskirchen in der Nähe der Heilquellen und noch immer pilgern Menschen dorthin, um für die Linderung ihrer Leiden zu beten. Zahlreiche Dankestäfelchen bezeugen, dass die Hilfe tatsächlich gewährt wurde.

Doch schon allein der Aufenthalt an einer Quelle öffnet in unserer Seele Bereiche, die sonst vielleicht schwer zugänglich sind, was aber heilende Wirkungen auf uns hat. Das Gemurmel einer Quelle erquickt die Seele und kann uns mit allem verbinden, was heilsam ist. Das Quellwasser kommt zudem direkt aus der Erde und ist damit

Fließendes Wasser beruhigt Seele und Geist

89

auch eine unmittelbare magische Verbindung zu Mutter Erde. Es ist ihr heiliges Wasser, das sie uns – ihren Kindern – zum Leben schenkt.

RHUMESQUELLE

Am Südrand des Harzes entspringt die Rhume in einem wundersamen Teich, dessen Farbe an Intensität seinesgleichen sucht. Tieftürkise, blaue und grünliche Schattierungen in unterschiedlichen Nuancen ziehen den Blick in die Tiefe. Die Seele wird durch Farbe unmittelbar angesprochen. Farbtherapien machen sich diese Tatsache direkt zunutze. Blautöne erfrischen und fördern Klarheit, Bewusstsein und Erkenntnis. Blau ist auch die Farbe der Freiheit und steht mit Seelenqualitäten wie Konzentration, Leistung, Mut und Selbstständigkeit in Verbindung.

»Türkis ist eine gute Farbe, um kreative Prozesse zu begleiten. Farbpsychologisch betrachtet steht Türkis für Offenheit, Wachheit und Bewusstheit«, schreibt meine geschätzte Kollegin Eva Tenzer in ihrem Buch »Einfach

Rhumesquelle mit Farbschattierungen

schweben. Wie das Meer den Menschen glücklich macht«.

Die Farbe erhöht das Wahrnehmungsvermögen, wirkt harmonisierend und entkrampfend. Glückseligkeit und Zufriedenheit sollen auch von Türkis gefördert werden. Grün gleicht aus und beruhigt, gibt Ruhe, Sicherheit und ist die Farbe der Heilung schlechthin. In dieser Quelle verbinden sich also Blau, Türkis und Grün. Ich jedenfalls konnte mich gar nicht sattsehen an diesem unglaublichen Farbenspiel und ein Teil meiner Seele tauchte tief ein in die Vergangenheit.

Im Teich der Quelle wurden einige Kultgegenstände gefunden, es wird daher angenommen, dass dies in früheren Zeiten ein Ort der Verehrung der Wassergöttinnen war. Die Quelle sprudelt 5000 Liter Wasser pro Sekunde und durch den Auftrieb ist das Wasser an einigen Stellen immer leicht in Bewegung. Es blubbert hier und dort, Luftbläschen steigen an die Oberfläche. Ein magischer Ort, der einlädt zur Kontemplation und zur Begegnung mit den eigenen Tiefen. Auch diese Quelle hat eine Sage zu erzählen, und zwar von Romar und Ruma – eine alte Geschichte wie die von Romeo und Julia oder Westside Story:

Vor langer Zeit war einmal ein Jüngling namens Romar auf der Jagd. Da fand er ein wunderschönes Mädchen schlafend an einer Quelle. Sie erwachte und erschrak zunächst, aber er sprach beruhigend zu ihr, sodass sie Vertrauen fasste. Als er jedoch erfuhr, dass sie eine Nixe und die Tochter des Berggeistes war und Ruma hieß, erschrak er. Denn sein Stamm war mit dem Berggeist seit Generationen verfeindet. Diesmal beruhigte sie den Jüngling und sie fanden Gefallen aneinander. Sie trafen sich häufig an der Quelle und schließlich, als der Berggeist sich in einer anderen Gegend aufhielt, schlossen sie den ewigen Bund und vereinigten sich.

Neun Monate später gebar Ruma einen Sohn. Der Berggeist war darüber sehr erzürnt, als er das bei seiner Rückkehr erfuhr und verweigerte den Liebenden seinen Segen, denn für ihn war die Familienfehde entscheidend. Er tötete sogar seinen Enkel, indem er ihn an eine Felswand schmetterte. Mit seiner Tochter konnte er aufgrund ihrer geistigen Natur nicht so verfahren, dafür verbannte er sie in eine Höhle. Erst nach Jahren vergeblichen Suchens fand sie schließlich unterirdisch einen Weg, um den Grenzen des väterlichen Gebiets zu entkommen. Dort konnte sie als vollendeter Strom ans Tageslicht treten.

Paderborner Stadtpark

PADERBORN

In der Stadt Paderborn entspringt der Fluss
Pader. Unzählige Quellpunkte unter der
Kathedrale, aber auch in den Stadtparktei-
chen, sprudeln unaufhörlich heiliges Wasser
hervor. In seinem Buch »Liebeserklärung an
die Erde« beschreibt Marko Pogačnik, dass
das Wasser, ehe es zutage tritt, kosmischen
Strahlen ausgesetzt wird, die ihm einen spe-
zifischen Siegel verleihen. Demnach stoßen
dort drei kosmische Quellen aufeinander
und geben ihre Prägung an das Wasser weiter.
Die erste sei – so Pogačnik – eine luftartige
Kraftbahn, die zum kosmischen Leylinien-
Netz gehört, die zweite ein Einstrahlpunkt des
Engelbewusstseins in der Kapelle des heiligen
St. Bartholomäus, und als dritten Aspekt
nennt er die Welt der Ahnen, die in der
Kathedrale wie durch eine Pforte betreten
werden kann. Diese Verbindung zwischen
Wasser und der geistigen Welt setzt er mit der
Hochzeit zwischen Himmel und Erde gleich:

»Es findet ein Geschlechtsakt zwischen ›Mutter Erde‹ und ›Vater Himmel‹ statt, würde
man in der Sprache der Urvölker sagen. Ein
Mythos würde von der ›heiligen Hochzeit‹
sprechen.«

Paderborner Kathedrale –
Teil des deutschen Jakobswegs

Diese besondere Konstellation zieht laut
Pogačnik zahlreiche Elementarwesen an, die
aus dem stark beseelten Wasser emporsteigen.
Unter der Kathedrale soll sich einer Legende
zufolge eine Paradieswelt mit Palästen aus
Edelsteinen, Gärten, in denen Diamant-
blumen blühen, und Bächen mit flüssigem
Silber befinden.

Bei unserem Besuch in der Kathedrale gefiel es mir in der Tat am besten in der Krypta (unterhalb des Altarbereichs), die eine enorme Kraft ausströmt und in der sich eine Verbindung zur Ahnenwelt sehr einfach gestaltet. Es ist ein Ort der potenzierten Energie und stark aufladend. Der absolute Höhepunkt war für mich jedoch die schier unglaubliche Akustik in der St.-Bartholomäus-Kapelle, die auch Marko Pogačnik regelrecht erschütterte! Als ich dort sang, war es, als würde ein ganzer Engelchor einstimmen und meiner Stimme eine Stärke und ein Volumen verleihen, wie ich es noch nie erlebt habe.

Zu erwähnen ist noch eine Kuriosität, die uns sonst nirgends begegnete. In der Nähe der Kapelle gibt es eine öffentliche Toilette, die, sobald man sie betritt, mit lauter (!) klassischer Musik beschallt wird. Der Besucher entnimmt einem Schild, dass der Besuch der Toilette auf eine halbe Stunde zu begrenzen sei. Wer bitte, hält es so lange in einer öffentlichen Toilette aus? Die Musik ist so laut, dass auch Passanten draußen erschreckt aufschauen und dabei bemerken, dass von dort der Turm der Kathedrale eine ganz besondere Perspektive bietet.

In den Teichen in unmittelbarer Nähe der Kathedrale kann man überall kleine Wasserbläschen aufsteigen sehen. Die Atmosphäre ist locker und sehr sanft. Und das findet offenbar auch die Jugend der Stadt. Auf den Treppen am Teich lagern große Gruppen Jugendlicher, aber auch einige ältere Leute sind dabei, trinken Bier und unterhalten sich rege. Nicht weit entfernt ist ein Café mit Blick auf die Teiche, das wiederum ganz andere Besucherschichten anspricht. Hier geht es eher traditionell und formell zu. Ein Gang durch den Stadtpark ist energetisch abwechslungsreich. Es finden sich dort Nischen mit hoher, reiner Schwingung, aber auch einige Plätze, die mir etwas belastet vorkamen. Paderborn ist übrigens auch eine Station auf dem Jakobsweg von Magdeburg nach Santiago de Compostela. Die Pilgermuschel des heiligen Jakobus begrüßt die Pilger gleich am Portal der Kathedrale.

Spiel des Wassers

Flusslandschaften–
Einladung zum Träumen und Ahnen

BÄCHE UND FLÜSSE

Stellen Sie sich einmal vor, Sie stehen an einem kleinen Gebirgsfluss der fröhlich plätschernd von Stein zu Stein springt, kleine Strudel bildet, Blätter mit sich trägt, sich in gerundeten Mulden ein wenig ausruht und sich dann erneut seinen Weg durchs Gesteinsfeld sucht. Die Sonne lässt die Steine glitzern und die Luft ist kühl und erfrischend. Es liegt Freude und Verheißung in der Luft. Schon nach einigen Minuten an solch einem Bach – und schon haben sich die Lebensgeister erholt und werden wiederbelebt. Gerade kleine Bäche sprudeln mit einer noch ungebroche-

nen, zutiefst vitalen Lebendigkeit von ihrer Quelle weiter ins Tal. Sie verteilen diese Frische und Freude in ihre Umgebung. Bäche und Flüsse sind Vitaladern der Erde. Sie versorgen ganze Landstriche mit der notwendigen Lebenskraft. Ohne Wasser kein Leben. Und zwar auf der materiellen Ebene ebenso wie auf der geistigen und spirituellen, seelischen.

Der amerikanische Forscher James DeMeo, führt den Übergang vom Matriarchat zum Patriarchat darauf zurück, dass sich zu dieser Zeit infolge eines Klimawandels ein Wüstengürtel um die Erde legte. Ohne die Stärkung der weiblichen, lebenspendenden Qualitäten durch das Wasser verkümmerten diese schließlich auch im Leben der Menschen und machten Raum für ein Weltbild, in dem der Kampf ums Überleben an vorderster Front steht. Ungefähr zeitgleich etablierten sich in der Wüstengegend des Nahen Ostens Religionen, die einen einzigen, männlichen und oft strafenden Gott anbeteten.

Der Aufenthalt an Bächen und Flüssen tut Menschen ganz einfach gut. Wo, wenn nicht dort, können wir uns dem Fluss des Lebens anvertrauen. Je länger wir ruhig am Ufer sitzen und uns träumend dem Fließen des Wassers hingeben, desto ruhiger und entspannter wird es in uns. Im Prinzip ist jeder Platz am Wasser ein Seelenplatz. Besonders kraftvoll sind Flussbiegungen, Einmündungen von Bächen oder Stellen, wo sich zwei Flüsse vereinen, um gemeinsam weiterzufließen.

»Wenn Bäche wie Lieder wirken, sind Flüsse Symphonien, die mal mit kraftvoller Ruhe, mal mit gewaltiger Dynamik das Gemüt bewegen. Im einen Fall lässt es sich auf ihnen treiben, im andern wird es unweigerlich mitgerissen. Dabei regen sie stets den freien Fluss der Gefühle an und befreien den Geist von negativen, hinderlichen Emotionen«, schreibt Pier Hänni.

Es ist wahrscheinlich sogar so, dass wir, je länger wir an einem Bach oder Fluss sitzen, immer tiefer zu der Stelle in unserem Innern kommen, wo unser ureigener Quell der Inspiration und Stärke sitzt. So regen das äußere Bild und die Erfahrung des Wassers in der Landschaft unsere inneren reinen, ursprünglichen und weiblichen Fähigkeiten an. Wie außen, so innen. Allerdings ist leider heute häufig auch das Gegenteil zu beobachten. Verschmutzte Wasserläufe zeigen sehr deutlich, dass diese Zusammenhänge noch nicht im Bewusstsein aller Menschen angekommen sind, denn sonst wäre es einfach unmöglich, Gewässer zu verunreinigen. Gerade an dieser Stelle wird der Satz des Sufimeisters Pir Vilayat Inayat Khan verständlich: »Das, was durchscheint durch das, was erscheint.«

Das bedeutet nichts anderes, dass wir Menschen unsere Umgebung formen und erkennen nach dem Bild, das wir in unserem Inneren tragen. Der Prozess ist natürlich immer offen nach beiden Seiten. Die Natur, die Landschaft, die Landschaftskräfte können uns heilen und uns mit dem Heiligen in uns verbinden, aber wir können eben genauso gut die Landschaft durch unser Bewusstsein, das sich dann auch im Handeln ausdrückt, beeinflussen – zum Schlechten, aber auch unbedingt zum Guten!

Flüsse, Vitaladern der Erde,
versorgen ihre Umgebung mit Lebenskraft

Könnte es nicht sogar so sein, dass uns der Kosmos durch die Naturerscheinungen mitteilt, was fehlt bzw. was im Ungleichgewicht ist? In diesem Jahr hat es im Winter sehr viel geregnet. Im Norden wurden weite Flächen vom Wasser überflutet. Zahlreiche Flüsse sind weit über ihre Ufer getreten und haben sich breitgemacht auf den Wiesen. Sogar in den Wäldern weichte der Boden auf und es entstanden Tümpel und Pfützen an allen Stellen, sogar auf den Wegen. Es sind so regelrechte

Amphibienlandschaften entstanden. Wasser und das Land haben sich vereinigt. Das war für mich auch ein Ausdruck dessen, was die Welt jetzt wieder braucht. Wir benötigen zurzeit verstärkt die Weichheit und Weisheit des Wassers in unserem Leben. Unsere Leben sind karg und ausgetrocknet. Unberührt von der inneren Quelle. Die Natur spricht seit einigen Jahren die klare Botschaft an uns: Wacht auf, macht euch empfänglich, spürt in euch und bringt euer weises Licht ins Außen. Wasser-

Einladung zur Erkundung des Flusses

landschaften können diese Prozesse in uns begünstigen. Was im Alltag heute auch weitgehend fehlt, ist die Anerkennung der weiblichen Qualitäten. Das Weibliche ist seit Jahrhunderten abgewertet worden, die Ergebnisse fühlen wir gerade in letzter Zeit gehäuft.

Flüsse bringen sogar in hektischen Großstädten einen Hauch von Unberührtheit und Ruhe. Gerade für Großstadtmenschen können die Flussufer Orte der Selbstbegegnung sein. Nicht umsonst haben Cafés und Biergärten, die an Flüssen oder auch Seen liegen, großen Zulauf. Dasitzen, den Wellen des Wassers nachspüren, das ist selbst für hartgesottene Geschäftsleute wie ein Gruß aus der Welt der Seele. Flüsse reinigen nicht nur auf materieller,

sondern besonders auf energetischer Ebene die Orte, die sie durchfließen. Gleichzeitig nehmen sie allerdings dabei Prägespuren ihrer Umgebung mit sich. Sie tragen dabei tatsächlich energetische Informationen von Ort zu Ort – und verlieren damit auch mit jedem Ort, den sie durchflossen haben, einen Teil ihrer ursprünglichen Vitalität. Je näher sie der Mündung kommen, desto träger und behafteter sind sie. Und trotzdem haben sie bis zuletzt die Kraft der Transformation, denn sie sind in ewiger Bewegung und stagnieren nicht. Musikalisch mitzuerleben ist das im bekannten Stück »Die Moldau« von Smetana.

Wandlungsprozesse können gerade an fließenden Gewässern wunderbar unterstützt werden.

ELBTALAUEN

Auf dem Weg zu den Elbtalauen früh am Morgen fahren wir aus der Lüneburger Heide Richtung Osten, der Sonne entgegen. Auf dem Weg begegnen uns ein Fuchs und zwei Rehe. Der Fuchs – so schreibt Jeanne Ruland in ihrem wunderschönen Buch über die Krafttiere – weiß, wo er verlorene Seelenanteile findet und kann sie zurückerobern. Der Fuchs ist ein Grenzgänger zwischen den Welten und er weiß, wo die Eingänge ins Unterbewusstsein

zu finden sind. Er zeigt auf, wo (noch) verborgene Talente schlummern, und weist Wege, sie zu erwecken und zu leben.

Die Begegnung mit Rehen fordert auf, zu träumen, zu fühlen, zu schauen, innezuhalten und zu staunen. Sie tauchen auf in Übergangszeiten, in denen sie die Kraft der inneren Vision aktivieren.

»Als Gestaltenwandler bringt dir das Reh die Fähigkeit, dich in viele Formen und Energien einzufühlen, andere zu nähren mit der Kraft

Flussauen – weder Wasser noch Land und ohne Begrenzungen

Elbtalauen – heilige Verbindung
von Wasser und Land

Amphibienlandschaft –
Spiegel der Seele

der Liebe und ihre Herzen für die eigene
Vision zu öffnen«, schreibt Ruland.

Das Reh markiert den Übergang von der
grobstofflichen Energie in feinstoffliche
Bereiche.

Tiere, die uns auf den Wegen der Kraft begegnen, sind immer auch Einladungen, sich
ihren Botschaften zu öffnen.

Zwischen Kamerun (bei Quickborn) und
Damnatz betreten wir die Amphibienwelt
der Elbtalauen und sind schon nach wenigen
Schritten ganz eingetaucht in diese Wasser-
welt. Es ist die Welt des »Nicht-mehr« (Land),
aber auch des »Noch-nicht« (Wasser). Es ist
eine Übergangswelt. So wie der Ganges in
Indien als Fluss der Toten als Tor in die
andere Dimension dient und in den griechischen Sagen der Hades diese Aufgabe erfüllt,

so können Amphibienlandschaften wie die Elbtalauen uns feinfühlig machen für Grenzbereiche, die es zu überschreiten gilt.

Wasser und Erde gehen an dieser Stelle eine heilige Verbindung ein. Nie ist ganz gewiss, wo das eine endet und das andere beginnt. Die Übergänge sind fließend, nichts ist festgezurrt, alles ist ewiglich möglich und unmöglich zugleich. Sogar der Himmel ist heute von Übergängen geprägt. Dunkle Wolken wechseln sich ab mit kurzen sonnigen Abschnitten. Die Geräusche des Wassers und die Vogellaute als Boten der himmlischen Sphären vermischen sich zu einem ungreifbaren Ganzen. Plötzlich beginnt das Wasser sich zu wellen. Ein Biber taucht kurz aus den trägen Wassermassen auf.

In den Mythen erscheint der Biber mal als Fisch, mal als Landtier. Er ist schwer einzuordnen. Auch er gehört beiden Welten gleichzeitig an – ein echtes Amphibientier.

Der Biber wurde in der indianischen Kultur oft als Orakeltier genutzt für Vergangenheit, Gegenwart und Zukunft, denn er hat die Gabe, in den Spiegel der Seele einzutauchen, um Botschaften herauszufischen. Er weist auf das große Potenzial hin, Träume in die Wirklichkeit zu überführen. Er ist ein Tier der Manifestation. Er zeigt die Wege auf, die aus dem Fließenden und Unfassbaren die Materie entstehen lassen.

»Er zeigt uns, dass auf die Vision, die Eingebung und die Träume die Tat folgen muss, damit sich die Wirklichkeit formen und vollenden kann«, heißt es bei Ruland.

Er schenkt die Kontinuität, die Ausdauer, den Fleiß und das handwerkliche Können, die es braucht, um Projekte zu vollenden. Der Biber schenkt Zufriedenheit und Balance.

Die Begegnung mit diesen besonderen Tieren an diesem Tag gibt mir eine frohe Gestimmtheit und eine große Vorfreude auf alles, was da noch auf mich wartet. Ich weiß, ich kann und werde meine Träume leben, denn dazu sind sie mir geschenkt worden.

Seenlandschaften

Ein See strahlt Ruhe aus. Seenlandschaften sind Traumlandschaften. Sie laden ein, zur Stille zu kommen. Wenn die Sonne funkelnd auf den See scheint und sich in Tausend kleinen Diamanten spiegelt, dann ist das ein Bild, das uns die Gewissheit geben kann, dass die Ursehnsucht des Menschen, die nach der Vereinigung der Gegensätze in Liebe, möglich ist!

Die Sonne als männliches Prinzip und das Wasserelement gehen dann eine heilige Verbindung ein und etwas Neues – nämlich ein Diamant – entsteht. Zwar »nur« als Lichtreflex, aber trotzdem spürbar, wenn auch nicht immer bewusst.

Gleichzeitig wirken Seen harmonisierend und beruhigend auf das Gemüt. Ihre Wirkung nimmt mit der Größe und Tiefe zu. Ähnlich wie Flüsse wirken ihre Schwingungsfelder weit über das Ufer hinaus und ergießen sich über die anliegende Landschaft. So sind sie, seit es Tourismus gibt, beliebte Regionen, um Urlaub zu machen, die Seele baumeln zu lassen, sich mit der Süße des Lebens zu verbinden, abzuschalten und (wieder) zu sich zu kommen.

Bei einem Spaziergang um einen See ist unsere Seele immer berührt. Danach fühlt man sich frischer, ausgeruhter und energetischer als vorher. Der innere Reinigungsprozess ist sogar spürbar, wenn man das Wasser gar nicht berührt hat.

Wer sich dann noch ins kühlende Nass hineinwagt, der wird reich belohnt. Unsere Haut wird vom weichen Wasser umschmeichelt, gestreichelt und die Schwerkraft ist verringert. Wir schweben in einem sanft tragenden Element und können uns in Vertrauen gleiten lassen.

Wir sind im Fluss des Lebens geborgen und behütet. Unbewusst werden vielleicht Erinnerungen wach an unsere allererste Zeit im Mutterleib, als wir im süßen Fruchtwasser getragen und behütet waren.

Menschen, die Angst vor dem Wasser haben, haben vielleicht in der allerfrühesten Phase des Menschseins nicht nur positive Erinnerungen gesammelt.

Hafen – Ort der Geborgenheit, Zeit der Ruhe zwischen den Stürmen des Lebens

Wasser – Ort für die Süße des Lebens und der Melancholie

Wasser verbindet die Ewigkeit mit dem Jetzt

Das Wort Erinnerung mag in diesem Zusammenhang fremd anmuten, aber tatsächlich ist es so, dass wir nichts, was wir im Körper erlebt haben, total vergessen können. Unsere Zellen speichern alle Erlebnisse und ebenfalls alle Gefühle, die damit einhergingen. Für die Heilung früher Traumen ist Wasser gerade jedoch deshalb besonders geeignet.

Wassermeditationen können sogar an Land die besondere Heilungs-und Wandlungskraft des Wassers erfahrbar machen.

Himmel küsst Erde und Wasser

*Im tiefen Bezug zum Wasser können wir
unseren inneren Diamanten erkennen*

WASSERMEDITATION

Wir begeben uns in Gedanken langsam
an einen wunderschönen See. Wir stellen
uns vor, wie es schon leicht nach Wasser
riecht, wie der Wind leise, sanft und mild
über die Wasserfläche weht und uns
schmeichelnd umhüllt. Winzige Wellen
spülen ans Ufer und in der Ferne können
wir das Quaken der Enten hören. Die
Sonne scheint warm auf uns herab und
wir haben das tiefe Verlangen, in das
Element Wasser einzutauchen.

Wir begeben uns langsam, Schritt für
Schritt, in das warme, weiche Wasser und
stellen uns vor, wie in unserem Bauch ein
orangefarbenes Licht seine wärmenden
Strahlen aussendet.

Dieses Licht ist sehr nährend und nimmt
alle Schwere von uns. Wir spüren, wie sehr
wir mit dem Leben verbunden sind. Wir
sind wie eine Welle in Bewegung. Jeder
Augenblick ist neu und anders. Alles verändert sich mit jeder Woge.

Auch in unserem Innern fließt alles, nichts ist statisch oder starr. Wir werden im gesamten Körper weich und beweglich. Das Wasser umspült und umschmeichelt uns unablässig. Wir schlängeln uns wie eine Schlange, das Wasser gibt nach und umspült uns weiterhin mit seiner Sanftheit.

Wir heben einen Arm aus dem Wasser und fühlen, wie die Tropfen am Arm herablaufen. Wir senken ihn wieder ins warme Wasser und lassen uns schweben.

Es beginnt leicht zu regnen und die Tropfen fallen zart auf unser Gesicht. Erfrischend, unaufhörlich, reinigend. Alles Schwere fließt durch jede Pore unserer Haut aus unserem Körper ins Wasser. Dieses nimmt alles auf und verwandelt es.

Auf einmal spüren wir, wie wir das Wasser sind. Wir sind jede Welle und jeder Tropfen. Auch jeder Regentropfen, der vom Himmel ins Wasser fällt. Wir sind überall zugleich.

Unsere fest gefügte Außenhaut hat sich völlig aufgelöst. Wir sind Wasser. Ewiglich fließend und unendlich rein. Ungeformt und ursprünglich. Wir sind der Punkt, von dem aus alles in alle Richtungen fließen kann. Wir sind der See. Wir sind die Ruhe und die Bewegung zugleich. Ewiglich veränderlich. In diesem Bewusstsein verweilen wir eine Weile – so lange, wie wir mögen.

Irgendwann stellen wir uns unseren Körper vor. Wir streicheln mit unseren Händen am Körper entlang, entdecken unseren Körper ganz neu. Wir danken ihm für alle Freuden, die er uns schon bereitet hat. Wir loben seine Weisheit. Und wir fühlen uns von innen nach außen und von außen nach innen neu und gereinigt.

Wir öffnen langsam wieder die Augen und begeben uns wieder in unsere Alltagswelt. Das Gefühl der Reinigung und Frische bleibt den ganzen Tag bei uns.

Seen sind Orte, die von jeher als heilig galten. Zahlreiche Kultstätten befinden sich in der Nähe von Seen oder Teichen. Letztere wurden oft auch als Eingang zur Anderswelt gesehen (siehe Frau-Holle-Teich, S. 118). Die Anderswelt war vielen geradezu auch unheimlich. So entstanden zahlreiche Sagen und Legenden von Seeungeheuern, die ab und zu auftauchen, um Kinder zu verschlucken oder regelmäßige Opfergaben zu wünschen. Auch in diesem Fall wird es wohl so sein, dass innere Konflikte gerne ins Außen übertragen werden. Das wahre Seeungeheuer wartet im eigenen Sein und nur dort kann es erlöst werden.

So hatte ich vor Jahren einen Traum von einem Drachen, der in den See, in dem ich gerade mit einigen Freunden badete, hereinlief und zum großen Überfluss gerade mich fest in den Blick nahm. Sofort wusste ich, dass Flucht in diesem Fall völlig zwecklos war. Dieser riesige Drache würde mir den Rückweg zum Ufer jederzeit spielend abschneiden können. Also blieb mir nur übrig, mich ihm zu stellen. Schon als ich auf ihn zuging, wurde meine Angst von Schritt zu Schnitt geringer. Denn je näher ich dem Ungeheuer kam, umso freundlicher kam es mir vor. Schließlich angekommen, bemerkte ich, dass der Blick gar

nicht böse, sondern vielmehr freundlich und vielleicht etwas neugierig war. So gesellte ich mich zu ihm auf den Stein, auf dem er zwischenzeitlich Platz genommen hatte, und dort unterhielten wir uns friedlich. So durfte ich entdecken: Das Ungeheuer war gar keins, ich brauchte nur den Mut, es mir aus der Nähe anzuschauen und mich auf es einzulassen.

Es gibt auch Märchen, in denen Seeungeheuer nur davon abgehalten werden konnten, ein gesamtes Fischerdorf zu verwüsten, wenn sie regelmäßig einmal pro Jahr eine Jungfrau mit in den See nehmen durften. Die per Los ermittelten Mädchen hatten natürlich immer größte Angst und gingen zähneklappernd ins Wasser – wo sie dann auch auf Nimmerwiedersehen verschwanden. Nur einmal gab es ein Mädchen, das hatte keine Angst vor dem Ungeheuer und ging singend ins Wasser, weil es wusste, dass der Drache sich im Grunde nur nach Liebe sehnt in seinem einsamen Reich. Der Gesang machte das Ungeheuer so richtig zutraulich, aber auch traurig, und es erzähte dem Mädchen von seiner Einsamkeit. Sie versprach, regelmäßig für ihn zu singen und ihm Geschichten zu erzählen, und das Ungeheuer war sehr erleichtert und sagte, das wäre ihm viel lieber als all die ver-

Frau-Holle-Teich am Hohen Meißner lässt uns abtauchen in tiefe Seelenschichten

ängstigten Mädchen, die bisher gekommen wären und mit denen er auch nichts so recht anzufangen wusste. Von da an brauchte das Ungeheuer keine neuen Jungfrauen zum Verschlingen mehr, sondern erfreute sich am Gesang und an den Geschichten, die ihm regelmäßig erzählt wurden.

Ein Happy End also. Es zeigt, dass in den Tiefen des Wassers (Symbol für die Seele und das Unbewusste) sich zwar mancherlei Unverdautes abgesetzt hat und einen recht angsteinflößenden Eindruck macht, dass aber letztlich nur die liebevolle (!) Hinwendung und Auseinandersetzung damit helfen, es zu verwandeln. So greifen Märchen die Gegebenheiten und tieferen Botschaften ihrer Entstehungslandschaft auf und zeigen, wie Transformation geschehen kann. Das heißt, Landschaften wirken bis in die archetypische Dimension und Menschen aller Zeiten fanden Zugänge dazu in Geschichten. Das sind dann in Worte gefasste Botschaften der Landschaftsenergie. Man könnte aber auch sagen, Mutter Erde spricht zu ihren Kindern – einem jeden in seiner Sprache und nach seinem Bedürfnis.

EDERSEE

Im nördlichen Hessen ist unterhalb der
Festung Waldeck 1908 bis 1914 ein Stausee
entstanden. Er füllt das lang gestreckte Eder-
tal mit seinen tiefblauen Fluten, gewunden
wie eine Schlange. Eine sanfte Hügelkette
mit dem mystischen Kellerwald mit seinen
knorrigen Eichen umrahmt ihn und schützt
ihn vor wilden Winden. Sein Wasser schim-
mert ruhig und weise in der Sonne.

Aus meinem Bett im Hotel kann ich früh-
morgens auf den See schauen. Gerade erst
erwacht, noch ein wenig im Traumland,

wird mir bewusst, dass diese Landschaft in
diesem Moment genau mich selbst wider-
spiegelt. Es besteht in diesem Augenblick eine
tiefe Resonanz zwischen mir und diesem See.
Er öffnet in mir verborgene Seelengründe,
Berg und Wasser treffen sich hier. Überblick
und Sanftheit verschmelzen. Ein Gefühl des
Gerichtetseins in Hingabe und Annahme
durchflutet mich. Alles fließt und ruht zugleich. Es ist sehr behutsam, verheißungsvoll,
aber ohne das Verlangen nach totalen Gewiss-
heiten. So wie es ist, ist es gut. Das frische
Grün der Bäume erweckt das Vertrauen auf
Erneuerung und Überwindung. Es ist ein
inneres Wissen und eine Erfahrung zugleich.
Mir wird bewusst, dass sich alle Pläne ändern
können, was jedoch bleibt, ist der Seelen-
grund, der Seelenkern. Der ruht in uns –
still wie der schimmernde See, auf den ich
wie verzaubert blicke.

Der See: Still und doch beweglich fließt er in
großem Gleichmut auf die Stromschnellen
hinter der Staumauer zu, die ihn in den Wir-
bel der Transformation ziehen werden. Unten
fließt er dann in gewandelter Form als Fluss

Edersee – Blick aus Hotelfenster

110

Festung Waldeck, hoch über dem Edersee

Segelboote liegen träge in der Sonne

weiter und erkundet die Lande. Das Wasser ist dann immer noch dasselbe, aber die Ausdrucksweise hat sich gewandelt. Die Hügelkette bietet ewiglich den haltenden, schützenden Rahmen. Eine Begrenzung, die gleichzeitig nach oben hin öffnet. Auf der anderen Seite des Ufers liegen still mehrere Boote. Die Masten ohne Segel. Haben Stürme überstanden und werden neue überstehen. Jetzt ist jedoch die Zeit des Stillstehens. Die Zeit der ordnenden Kraft. Der Moment, der der Schöpfung vorausgeht.

Die Kräfte konzentrieren sich in der Mitte, um dann wieder hinauszufließen und Neues zu schaffen. Im ewigen Spiel des Lebens. Die Landschaft wird mir so Spiegel und Keimling zugleich. Mein Seelenraum ist in diesem Moment hier zu Hause. Gleich schon werde ich weiterziehen.

*Schilfgebiete säumen den
Ostrand des Chiemsees*

*Bild vorherige Seite: Insel Frauenchiemsee,
Ruhe- und Rückzugsort*

CHIEMSEE UND
INSEL FRAUENCHIEMSEE

Der Chiemgau mit seinem großen See ist seit
Langem als heilige und heilende Landschaft
bekannt. Ein Landschaftstempel von heraus-
ragender Güte – so hat er sich mir erschlossen.
Weibliche und männliche Energie sind hier
im stetigen, aber wässrigen Austausch. Das
Weibliche hat hier seine Schöpferkraft be-
wahrt. Zwischen den Inseln Herrenchiemsee
und Frauenchiemsee liegt eine dritte Insel, die
die Vereinigung und das daraus entstehende
Dritte symbolisiert.

Die Energie auf der Insel Frauenchiemsee
ist empfangend, weich, sanft, mütterlich und
tröstend. Echte Energie des zweiten Chakras
eben, der Mondgöttin zugetan. Wundert es
da, dass in der Kirche dort zur heiligen
Irmengard, der ersten Äbtissin des Klosters
Frauenwörth, gebetet wird, die schon zahlreiche Frauen, die sich mit Verzweiflung –
aber leider vergeblich – ein Kind gewünscht
hatten, doch noch zur Mutter machte?

Nach dem Besuch dieser Kirche, in der die
Traurigkeit und Verzweiflung vieler Frauen
spürbar wird – besonders vor dem Bildnis

und den Gebeinen der heiligen Irmengard –, fließen diese Zeilen in meine Hand:

»Wenn es dir das Herz zerreißt, wenn oben unten ist, und unten oben. Wenn der Kopf nicht mehr denken kann, wenn du im Strudel schier nach unten gezogen wirst – das ist die Zeit, in der die Göttin dich ruft. Mit all ihrer Macht und Liebe. Dann weißt du wieder, dass die Liebe in dir wohnt, dass du sie geben sollst, nicht nehmen. Egal, was auf dem Weg auf dich wartet, es führt dich zu ihr. Die Wege der Göttin sind allumfassend und sie weiß, was sie tut. Auch wenn du es nicht verstehst. Folge ihr. Hab keine Angst! Die Momente der Schwäche sind gleichzeitig die Momente der größten Stärke.«

Frauenchiemsee hat eine eher melancholische Grundstimmung. Vielleicht ist es nur an diesem Sonntagnachmittag so. Ein leiser Nieselregen sprüht uns ins Gesicht, trotzdem ist es warm. Eine Insel, ein Kloster, ein Leben in der Abgeschiedenheit. Auch der Trennung vom anderen Geschlecht. Eine körperliche Verbindung ist untersagt, soll schlecht sein. Verzicht soll die Erlösung bringen. All dies macht mich traurig, denn es entspricht nicht dem Leben.

Rainer Maria Rilke verbrachte drei Monate auf der Herreninsel im Schlosshotel. Er schrieb:

»Von der Herreninsel müsste man sagen, dass ihre hohen Bäume aus Stolz, vielleicht nicht ohne Trotz, so groß geworden sind, das geschonte Leben der Klosterherren hat sich in diesen Buchen und Eschen und Kiefern berechtigt und selbstbewusst zum Himmel erhoben und ausgebreitet, während die berühmten Linden (sie blühen jetzt), die drüben auf dem Anger des Frauenklosters stehen, aus Stille und Innigkeit durch die Jahrhunderte so groß geworden sind.«

Frauenkloster auf der einen Insel, Männerkloster auf der anderen. Es ist die unendliche und archetypische Geschichte von den zwei Königskindern, die nicht zueinander konnten, »denn das Wasser war viel zu tief«. Es ist Zeit, diesem Herzschmerz ein Ende zu bereiten und die Vereinigung in Körper, Geist und Seele zu feiern. Denn was dann entsteht, ist die Freude des Himmels, der sich auf der Erde wiederfindet und reiche Früchte trägt.

ALPSEE IM ALLGÄU

Marko Pogačnik bezeichnet das Oberallgäu als seelischen Mutterleib der Erde. Hier werden die Seelen auf die Verkörperung vorbereitet. In einem Artikel in der Zeitschrift »Hagia Chora«[2] beschreibt er Orte im Allgäu, die bei der Seelenankunft auf der Erde eine besondere Bedeutung haben. So wird die Seele (als pure Geistform noch nicht materiegebunden) schrittweise in die Materialisation begleitet von speziellen geistigen Führern, die dort zugegen sind. Es ist wie eine große präkonzeptionelle Kinderstube. Im Rahmen der Geomantie-Ausbildung hatte die Gruppe unter Pogačniks Leitung den sakralen Landschaftstempel der Region um Immenstadt erforscht. Dort – so das Fazit – nähert sich die Seele immer mehr der Verkörperung und klärt in dieser Vorbereitungsphase nochmals Vergangenes und die zukünftige (Lebens-)Aufgabe. Verbunden mit den Landschaftsenergien sind dort auch neun Kirchen, die Aspekte der großen universellen Erdmutter bündeln.

Es war für mich sehr erstaunlich, auf diese Zusammenhänge hingewiesen zu werden. Ich hatte die Zeitschrift von Peter Frank, dem Aus-

bildungsleiter von Hagia Chora, bekommen mit dem Verweis auf gerade diesen Artikel. Peter Frank hatte ich in Weilheim getroffen und wir waren gemeinsam an der Tassilolinde in Wessobrunn gewesen (siehe S. 156). Von meiner geistigen Verbindung zu dem Thema Empfängnis und Geburt wusste er. Kurz zuvor hatte ich mein Buch »Willkommen im Leben« beendet (das mittlerweile erschienen ist) und auch die Entstehungsgeschichte dieses Buches war eine besondere. An dem Tag, an dem mich meine Mitautorin Ilka Maria Thurmann besuchen kam, um über unser Projekt zu sprechen, hatte ich für eine Nachbarin, die sich den Knöchel gebrochen hatte, gesungen. Das nahm ihr Schmerzen und wirkte positiv auf den Heilungsvorgang. Jedenfalls »sah« sie an diesem Tag an einem Strand kleine Kindergeistwesen, die bei der Heilung an ihrem Knöchel mithalfen und zum Schluss in Boote stiegen und langsam über ein großes Wasser davontrieben. Sie wusste damals nicht, welches Buchthema bei mir anstand.

Als ich mit Claudia am Alpsee ankam, war ich zunächst etwas enttäuscht. Es sah dort recht touristisch erschlossen aus – in der Hauptsaison wird es dort sicherlich rege zugehen: Restaurants, Ansichtskartenstände, Kioske.

---

2 Hagia Chora, Nr. 20, 7. Jahrg. 2005

Alpsee im Oberallgäu –
Schulungssee der ankommenden Seelen

Wir gingen am Ufer entlang und langsam erhellte sich mein Gemüt. Es stellte sich plötzlich und für mich unvorbereitet telepathisch eine alte Seelenpartnerschaftsverbindung ein, die ich schon lange nicht mehr gespürt hatte. War es hier gewesen, dass wir uns verabredet hatten? War es hier oder an einem Ort ähnlicher Schwingung, dass wir uns vorgenommen haben, gewisse Aspekte unserer Bindung zu beenden oder neu zu leben? Als ich diese Fragen in mir bewegte, fiel mir ein, dass

meine Eltern tatsächlich in dieser Region ihren Hochzeitsurlaub verbracht hatten. Einen Monat später war ich unterwegs …

Berge und Wasser – Geist und Seele: Orte, die diese Qualität zeigen, sind für mich persönlich Räume, in denen meine Seele das Gefühl hat, zu Hause zu sein, und sich angebunden fühlt an die große, verlassene Einheit, die aber wieder auf uns wartet und die uns auch in diesem irdischen Leben niemals ganz verlässt.

FRAU-HOLLE-TEICH AM HOHEN MEISSNER

Ein ganz ähnlicher Zusammenhang besteht auch am Frau-Holle-Teich am Hohen Meißner. Nach der Sage holt Frau Holle aus diesem Teich die Kinderseelen, um sie zu ihren zukünftigen Müttern zu bringen. Der Teich liegt zwar direkt neben einer Straße, aber schon beim Aussteigen aus dem Auto wurde ich von der besonderen Schwingung dort eingehüllt. Ruhig, gänzlich unbewegt liegt das Wasser dort. Tiefgründig mit Schilf bestanden. Wie tief, das ist nicht ersichtlich. Aber das Gefühl sagt: ganz tief. Tiefer

geht's nimmer. So tief, wie es diese Dimension zulässt. Oder ist da bereits der Eingang zur nächsten Dimension enthalten?

Frau Holle steht am anderen Ende des Tümpels als Holzfigur, geschaffen von Viktor Donhauser. Sie sieht aus wie eine sexy Verführerin. Ganz Weib. Junges Weib, nicht altes. Das hat manche Kritiker gestört. Die verlangt es nach altem Weib. Aber Frau Holle ist alles zugleich. Sie ist Symbol für die weiße Göttin des Anfangs: unberührt, unschuldig und voller Versprechen; sie ist die rote Göttin des prallen Lebens: sinnlich, frei und aufbauend; und sie ist auch die schwarze Göttin, die zerstört und

Frau Holle – Sinnbild der dreigestaltigen Göttin

in den Tod reißt, weil nur so ein Neuanfang gelingen kann. Sie ist damit eine Frau, die diese drei Aspekte der Großen Mutter in sich vereint. Sie erscheint als einzelne Frau, trägt aber drei Gesichter gleichzeitig.

»Die Drei ist die gedrängte Form einer Symmetrie – des Überzeitlichen, Feierlichen und Höherführenden. Geburt, Hochzeit und Tod sind in den Religionen wie im Märchen die wichtigsten Entwicklungsphasen«, schreibt Sigrid Früh in dem Buch »Frauenmärchen«.

Schon der Name »Frau Holle« gibt entscheidende Hinweise. Der Name ist abgeleitet von Hulda oder Holda, ihre Symbole sind Spindel und Rocken, die auch allen Muttergottheiten zugeordnet sind. Sie ist gleichzeitig eine Einweihende. Jungfrauen, die in ihr Reich fallen (durch einen Brunnen, in einen Teich oder See), haben die Aufgabe, sich zu bewähren, zu wachsen, ihre weiblichen Kräfte kennenzulernen und zu leben. Um das tun zu können, müssen sie sich zunächst von ihrer »guten Mutter« trennen. Im Märchen geschieht dies oft, indem die Mutter stirbt – ihrer Tochter aber auf dem Totenbett ein Geschenk mitgibt, das ihr in allen Lebenslagen – besonders in den schwierigen – hilfreich zur Seite stehen

Frau Holle lädt ein zur Entdeckung der weiblichen Kraft

wird. Es sind meist Symbole für ihre Intuition, die die junge Frau unterstützen werden; zusammen mit der Verbindung zu den Ahninnen, die helfend zur Seite stehen. Allerdings sind die Geschenke nur über die Brücke der Intuition erreichbar, die Umsetzung muss der jungen Frau ganz allein gelingen, das kann ihr niemand (auch ihre eigene Mutter nicht!) abnehmen.

So wie junge Burschen im Märchen ohne bestandene Abenteuer kein Mann werden und die Prinzessin (ihre weibliche Ergänzung) nicht finden können, so muss auch die junge Frau hinabtauchen in die Tiefen ihrer Seele (das Wasser, der Teich, der Brunnen), um dort der Vertreterin der Großen Mutter zu begegnen, von der sie lernt, zu reinigen, zu nähren und zu schöpfen und ganz Frau zu werden, um dann die weibliche, intuitive und nährende Seite im Mann erwecken zu können. Die Frau wird dadurch Teil der Göttin des Lebens und des Todes.

Denn Frau Holle – so wie alle anderen Schöpfergöttinnen – ist licht und dunkel zugleich. Sie kann Leben geben, schützen und nähren, aber sie ist auch mit dem Aspekt des Todes vertraut und zerstört und zerschlägt, wenn es angebracht ist. Sie zeigt aber auch, wie der Tod, das Leid durchschritten werden kann, um auf der anderen Seite neugeboren und im Vollbesitz frischer Kraft wiedergeboren zu werden. So wird die junge Frau selbst zur Schöpferin und nimmt diese Gabe mit in ihr Alltagsleben. Dort kann sie ihre Gaben (die sie von der Großen Mutter bekommen hat) zum Wohle der Menschen – aber auch besonderes für sich selbst und ihren Liebsten – einsetzen. Das funktioniert allerdings nur,

wenn sie sich wahrhaftig dem Weg aussetzt und ihn annimmt in all seinen – auch schmerzhaften – Teilstrecken. Die gehören offenbar dazu. Wer – wie die Stiefschwester – sich in die Hände der Frau Holle begibt, um dort auf die Schnelle und möglichst ohne echten Einsatz zum Ziel zu kommen, der wird letztlich bitter enttäuscht.

Wir haben heute die Situation, dass die dunklen Seiten der Göttin abgelehnt und nicht gelebt werden (dürfen, können?). Dort, wo die Tiefe, das Zerstörende fehlt, wird alles mit einer klebrigen Harmoniesucht zugekleistert, die den Blick auf das Wesentliche leider verdeckt. Diese Tiefe fehlt in den Beziehungen zwischen Frau und Mann ebenso, wie sie im Umgang mit den Töchtern und Söhnen fehlt. Eine Frau, die als Dauerglucke ihren Kindern immer nur den Weg ebnen will, lässt diese nicht selbstständig werden, verhindert, dass echte Einweihung (durch das Leben, die Göttin) geschehen kann. Ständige Übung im Loslassen ist daher ein Zeichen der reifen Weiblichkeit.

Und all das ist am Frau-Holle-Teich erfahrbar? Ja, ist es! Die besten Zeiten, sich mit diesen Kräften zu verbinden, sie ins eigene Leben einzuladen, sind die frühen Morgenstunden oder aber besonders auch die Stunde der Dämmerung, wenn die letzten Sonnenstrahlen noch glitzernd das Wasser hier und dort erhellen. Sich in Ruhe ans Ufer zu setzen, ins Wasser zu blicken und die Seele sprechen zu lassen, das bringt vieles aus unseren persönlichen Tiefen an die Oberfläche. Im Teich wimmelt es zudem nur so von Fischen, die auch ein Zeichen der Großen Mutter sind. Im Christentum ist dieses alte Symbol dann auf Jesus Christus übertragen worden.

Der Frau-Holle-Teich ist auch Libellenreich. Libellen stehen für das Zauberhafte, sind Boten der Elfen und Elementarwesen, geflügelte kleine Träger der Isisenergie. Sie zeigen die Wege in die Anderswelt, sind Schwellenwesen. In ihren zarten Flügeln bricht sich der Regenbogen, ein Zeichen, dass sich Himmel und Erde berühren und vereinen können. Libellen paaren sich übrigens in der Luft in einem beeindruckenden Tandem-Schöpfungstanz.

Am Frau-Holle-Teich sind alle Elemente vereint: das Wasser, die Erde, die Luft und das Feuer der Schöpfung. Früher gingen junge Frauen in dem Teich baden, wenn sie sich ein Kind wünschten.

Ein Teich, verbunden mit der Tiefe und den himmlischen Kräften

Frau-Holle-Teiche gibt es auch anderswo. Entdecken Sie dort und an anderen stillen, tiefen Wassern, welche Botschaften die Große Mutter für Sie persönlich parat hält.

Nicht weit entfernt stehen in Hollstein die Hollesteine, die früher wahrscheinlich sogenannte Rutschsteine waren. An solchen Steinen sind damals junge Frauen in Vollmondnächten nackt herabgeglitten, wenn sie sich einen Geliebten oder ein Kind wünschten.

KÖNIGSSEE, OBERSEE
(BERCHTESGADEN)

Der tiefste aller Seen Deutschlands ist der Königssee. Mit seinen knapp 200 Metern ist er gleichzeitig der einzige Fjord hierzulande, denn er wurde durch Gletscherkräfte geschaffen. Steil und ohne Übergang begegnen sich dort an vielen Stellen Berg und Wasser.

Watzmann und See. Männliches, versteinertes Symbol der Grausamkeit (König Watzmann quälte seine Untertanen und wurde zur Strafe mitsamt seiner Familie in einen Stein verwandelt) und ewigweibliches, weiches Wasserelement. Versöhnung und Vergebung ist ein Thema dieses Sees. Klarheit und Belebung sicherlich auch.

Seine tiefblaue, an einigen Stellen auch türkise Farbe öffnet Seelengründe ohne Worte. Ein solcher See bedarf des besonderen Schutzes und sollte nicht verschmutzt werden. Das hat offenbar die Bayerische Schifffahrtsflotte schon früh begriffen. Der Königssee spricht manchmal sehr eindringlich zu den Menschen. Auch und gerade zu Entscheidungsträgern, denn die königliche Kraft und Machtfülle des Watzmanns ergießt sich in die weiblichen

Königssee bei St. Bartholomä

Fluten und triggert dort offenbar kreative Ideen, die dann in der Realität Gestalt annehmen können. Auf dem Königssee fahren nur Elektroboote: lautlos, langsam und umweltfreudlich.

Schon häufig bin ich seit meinen Kindertagen über diesen See übergesetzt. Einmal bin ich sogar über das Wasser gegangen. Als er zugefroren war, natürlich. Jedes Mal verzaubert dieser See mich aufs Neue. Im letzten Jahr bin ich mit meiner Familie mit dem ersten Boot nach St. Bartholomä übergesetzt. Das Boot – sonst meist prall gefüllt – war noch fast leer. Nur einige Bergsteiger waren mit an Bord. Mein Mann und mein ältester Sohn stiegen hinauf zum Steinernen Meer, mein Jüngster und ich stiegen hoch zur Eishöhle am Fuße des Watzmanns. Wir waren ganz allein unterwegs in der Früh. Der Nebel lichtete sich langsam und öffnete uns aus der Höhe einen Blick auf den See. Atemberaubend und zutiefst mystisch. In einer heiligen Stimmung stiegen wir wortlos weiter. Auf einmal entdeckten wir kurz vor dem Schneefeld ein ganzes Rudel Gemsen. Sie bemerkten uns nicht und ästen in aller Ruhe weiter.

*Der Obersee – mystische
Hochzeit von Wasser und Berg*

Hinter dem Königssee gibt es noch einen zweiten See, der ganz von Bergen eingerahmt ist. Es ist der Obersee. Seine Farbschattierungen sind fast noch intensiver als am Königssee, seine energetische Qualität ist allerdings wesentlich weicher und weiblicher, obwohl auch hier die Berge an zwei Seiten direkt ins Wasser fallen. An der rechten Seite führt ein kleiner Pfad an der Steilwand entlang zur anderen Seite. Der Pfad steigt steil an und es ist ein prickelndes Gefühl, an der einen Seite (linker Hand) tief unten das Wasser glitzern zu sehen und auf der anderen Seite die feste Steinwand mit Überhängen spüren zu können. Als wir dort gehen, kommt uns ein Mann entgegen, der mich auf eine Wasserschlange

Spiegelung der männlichen und weiblichen Symbole

hinweist. Tatsächlich: Im See schlängelt sich eine Schlange und steuert aufs gegenüberliegende Ufer zu. Ihre Bewegungen sind schnell und rhythmisch.

Das war meine dritte Schlange in drei Tagen! Die Erdmutter, die dreigesichtige Göttin, will mir etwas sagen. In den darauffolgenden Wochen habe ich ihre Botschaften vernommen und sie hat Einzug in mein Leben gehalten.

Auf der anderen Seite des Sees liegt eine Almhütte (mit selbst gemachtem Käse). Von dort führt ein Weg in die Berge zu einem Wasserfall.

Dieses Jahr hatte es noch im Mai auf den Bergen geschneit und daher führte der Wasserfall mehr Wasser als gewöhnlich. Schon von Weitem war sein Rauschen zu hören. Je näher wir kamen, umso lauter wurde es. Kleine Bäche waren breit und

*Der Wasserfall tränkt
die Luft mit vitalisierenden Ionen*

reißend geworden und um zum Wassserfall zu gelangen, mussten wir einen Bach ohne Brücke überqueren. Die Suche nach einer Furt war gar nicht so einfach, schließlich aber doch erfolgreich. Das Überqueren des Wassers hat natürlich auch archetypische Qualität und spielt in Einweihungsriten immer wieder eine Rolle.

Das Dröhnen des Wasserfalls übertönte bald unsere Stimmen, die unbändige Urkraft des Wassers drang klanglich bis in unsere letzte Zelle. Winzige Wassertröpfchen sprühten uns unablässig ihren feinen Dunst entgegen. Erfrischend und vitalisierend zugleich. Im Sonnenlicht brachen sich Regenbogen und ich fiel ins staunende, verzauberte Sein. Nicht weit entfernt saß eine Frau und meditierte. Das war eine gute Idee. Auch ich setzte mich und innerhalb von wenigen Sekunden war ich in tiefster Trance. Das Rauschen und ich waren eins. Ich war der Klang des Wassers, der Klang des Universums. Ewiglich und ohne Anfang und ohne Ende. Zwischen dem Wasserfall und mir bestand kein Unterschied. Als ich wieder meine Augen öffnete, fiel mir auf, dass die Felsen ringsumher große rote Stellen hatten. Ein sehr kräftiges Rot sogar. Ein Rot, das zum Tun auffordert.

Es war die Zeit, in der ich für die Schulungsarbeit bei Harald Jordan-Hoepfner und Philemon-Sophia Hoepfner-Jordan jeden Tag ein Bild mit roten Farbpigmenten malen sollte. Jeden Tag und das sechs Wochen lang. Es geht dabei darum, die Farbe Rot in ihrem Sein zu erfahren, zu erleben und schließlich auch zu leben. Sich auf diese Weise mit Farben zu verbinden vermittelt ein tiefes Verständnis der den Farben innewohnenden Qualitäten. Auf der Reise hatte ich keine Farbpigmente mitgenommen, jetzt begegnete mir das Rot hier am Berg, massiv und unausweichlich. Sehr kraftspendend und mit Aufforderungscharakter! Ja, ich will und werde meinen Weg weitergehen, versprochen!

Rote Felsen mit Aufforderungscharakter

Unbändige Kraft des Wassers

DAS MEER

Über zwei Drittel der Erdoberfläche besteht aus Ozeanen und Meeren – so wie übrigens auch unser Körper zu zwei Dritteln aus Flüssigkeit besteht. Sie sind in ständiger Bewegung und haben direkten Einfluss auf unser Klima und Wetter. Das Leben auf der Erde kam aus dem Meer und das kann ein Grund sein, weshalb es Jahr für Jahr Millionen von Menschen in den Ferien an die Strände weltweit zieht. Dort ist Regeneration – vielleicht in gewisser Weise sogar Regression – möglich. Dermaßen aufgetankt mit frischer, ursprünglicher Energie, kann dann das Leben ein weiteres Jahr weitergehen. Aber das Meer zeigt uns auch, wie stark die Erde von kosmischen Kräften berührt wird. Die Gezeiten lassen uns erkennen, dass der Mond (oder vielmehr die Mondin, denn es ist eine weibliche Kraft) uns mehr beeinflusst, als das manchen Zeitgenos-

Wellen des Meeres – Werden und Vergehen

sen klar ist. Die Mondkraft erinnert an das ständige Werden und Vergehen. Eine Erinnerung oder auch ein Zeichen des zyklischen Zeitrades. Auch wir Menschen sind in diesen Zyklus eingebunden, besonders natürlich die Frau mit der monatlichen Blutung – auch diese ist eng verknüpft mit dem Mondlauf.

»Das mondliche Zeitverständnis lehrt uns, bestimmte Lektionen ganz zu lernen, den Prozess von Erneuerung, Säen, Wachstum, Ernst und Loslassen, Sterben vollständig zu durchlaufen, um unsere Erfahrungen allmählich zu erweitern. (...) Jeden Monat wird der Mond voll und wieder leer, sehen wir ihn wachsen und wieder ›sterben‹, ein Vollmond geht in den Neumond über und dieser füllt sich wieder, um einen neuen Zeitabschnitt anzuzeigen«, schreibt Ulla Janascheck in ihrem lesenswerten Buch »Göttin der Gezeiten«.

Diese Qualität wird eben auch im Meer erfahrbar. Interessant ist auch, dass der Mond die Erde anzieht. Die an sich recht dünne Erdkruste hebt und senkt sich im Rhythmus der Mondnähe.

Man könnte es auch so ausdrücken: Das Weibliche erzeugt die Bewegung. Zwar kann auch das Meer ruhig und einladend sein, die Wellen können sanft am Strand auslaufen, aber es gibt auch die wilden, stürmischen Tage, wo das Wasser wüst und unberechenbar an den Küsten nagt und Teile des Festlandes mit ins Wasser zieht. Das zerstörende Element ist Teil des Meeres. Es nimmt und verändert ohne Unterlass.

Aber auch das ist Teil des Lebens. Ohne das Ende des Alten kann Neues nicht entstehen. Diese Phasen der gewaltsamen Veränderung gehen mit Schmerzen einher. So wie jede Geburt mit Schmerz verbunden ist. Aber gerade der Schmerz ist dabei wichtig, weil durch ihn Hormone, die zur Transformation gehören, freigesetzt werden. So symbolisiert das Meer auch immer wieder Geburt und Neuanfang. Dieses zyklische Geschehen wird auch als dreigestaltige Göttin bezeichnet. Es ist das Prinzip des Weiblichen im Fluss des täglichen Lebens sowie der jahreszeitlichen und kosmischen Zyklen.

Die drei Zyklen lassen sich nach Marko Pogačnik darstellen wie folgt:

1. Die Ganzheit – die weiße Göttin

Das ist der Aspekt der jungfräulichen Göttin, die die gesamte Vielfalt des Universums als Einheit zusammenhält.

Symbolisch ausgedrückt gehören dazu die zunehmende Mondsichel und die Farbe Weiß.

Im Jahresverlauf entspricht dies den Qualitäten des Frühlings, im Lebensverlauf den der Inspiration – neue Ideen sprießen auf, Samen beginnen zu keimen.

Es herrscht die weiße Göttin in ihrer reinen Präsenz – ohne Polarisation, ohne Aktion und Reaktion. Es herrscht die reine Stille.

Das sind die Tage am Meer, wenn alles ruhig ist und lediglich ein laues Lüftchen für ein wenig Abkühlung sorgt. Ansonsten liegen die Menschen träge auf ihrer Liege, beobachten das schimmernde türkisfarbene Wasser und die kleinen weißen Wölkchen am blauen Horizont und sind tief in ihrem Innern getragen von einer süßen Glückseligkeit.

Dreiecksform – Erhöhung und Vollendung

Göttinnendämmerung

2. Die Kreation – die rote Göttin

Hier fällt die Einheit auseinander in die Polarisation von Männlich und Weiblich und strebt wieder der Vereinigung in der heiligen Hochzeit entgegen.

Es ist – symbolisch ausgedrückt – die Phase der roten Göttin, die des Vollmondes. Es ist eine kreative Zeit, voller Schaffensdrang, Wachstum, Lernen, der Erweiterung (auch des Bewusstseins) und Verwirklichung.

Am Meer sind dies die Tage des mittleren Wellengangs, ein frischer Wind sorgt für ständige Frischluftzufuhr und die Trägheit des Lebens ist einer wachen und fröhlichen Betriebsamkeit gewichen. Die Segel werden gehisst, um zu neuen Horizonten aufzubrechen, und die Winde sind günstig für sämtliche Vorhaben.

3. Die Wandlung – die schwarze Göttin

Das Leben verläuft nicht linear, sondern wellenartig. Der Hochphase des Aufbruchs folgt der Zusammenbruch der geschaffenen Strukturen. Veraltete Verhaltensmuster werden einer Korrektur – und wenn nötig auch einer Zäsur – unterworfen. Destruktive Kräfte greifen ein und beschleunigen die Verwandlungsphase. Ohne Krise keine Transformation. Die Spirale kann sich nur erheben, wenn auch die Tiefen mitgenommen werden.

Symbolisch ist es die Phase des Todes und der darauf folgenden Wiedergeburt – die Phase der schwarzen Göttin. Durch ihre Kräfte schafft sie die Voraussetzung für Wandlung und den Übergang in einen neuen Zyklus des Wachstums und der Kreativität. Am Meer ist dies die Sturmzeit, wenn die Wellen alles mit sich reißen, was nicht mehr passend ist, was locker und marode geworden ist, was sich einer Erneuerung verschlossen hat.

All dies passt in symbolischer Form zum Lebensraum Meer, auch wenn es uns selten in dieser Deutlichkeit bewusst wird. Aber archetypische Formen verlieren ihre Kraft deshalb nicht. Sie wirken in uns, in unserem Innern, auch ohne die Bewusstheit. Das ist ihre Stärke: Sie kommen ohne Worte aus, sie wirken in sich selbst. Das spüren die meisten Menschen, wenn sie ans Meer kommen und tief durchatmen. Hier wird der Lebensverlauf greifbar, und wer Klarheit braucht, um über sich und die Beziehung zur Welt und den Mitmenschen nachzudenken, der lenkt seine Schritte gern in Richtung Meer.

Eva Tenzer beschreibt, wie sehr das Meer alle unsere Sinne weckt und damit in einem wundersamen Kontrast zu unserem Alltagsleben steht. Im Büro sind sinnliche Glücksmomente eher rar gesät, am Meer finden wir sie in Überfülle:

»Ein Aufenthalt an seinen Ufern ist ein Gesamtkunstwerk von Sehen, Hören, Riechen und Fühlen. (...) Reize werden über die Sensoren der Haut, über das Gehör, Nase oder Augen direkt ans Gehirn weitergeleitet und sorgen dort für die Ausschüttung hirneigener Opiate, die Wohlgefühle entstehen lassen. So hält das Meer mit seinen elementaren Genüssen durchaus kleine Rauschmöglichkeiten bereit.«

Wir kommen im Wasser dem Schwebezustand nahe. Der Salzgehalt des Wassers tut sein Übriges, um das eigene Körpergewicht zu vergessen und sich leicht und schwerelos zu fühlen. Astronauten lernen im Wasser mit der Schwerelosigkeit im All umzugehen.

»Sie lernen unter Wasser die nötigen fließenden Bewegungen; wer hektisch wird, verliert Zeit, wer schnell sein will, verfehlt sein Ziel, das lehrt die Schwebeübung im Wasser«, weiß Tenzer.

Schweben ist ein Zwischenzustand jenseits fester Kategorien im Zustand von Ausgewogenheit und Ausgeglichenheit. Die uralte Sehnsucht des Menschen zu fliegen kann im Wasser ansatzweise erlebt werden, denn wenn wir lautlos durchs Wasser schwimmen, dann erinnert die Schwimmbewegung an Flugbewegungen. Wenn sich dann noch die Wolken im Wasser spiegeln oder man den Blick nach oben richtet, kann für einen kurzen Moment der Eindruck entstehen, dass man fliegt. Wenn wir dies im Außen erleben können, werden innerlich ähnliche Erfahrungen möglich. Schweben ist letztendlich eine Geisteshaltung, die im Meer eine Ausdrucksmöglichkeit finden kann.

Dünen – Wege in den Himmel

Heuballen – wie mystische Steine

LANGEOOG

Es gibt sieben ostfriesische Inseln, die der Küste wie eine Perlenkette vorgelagert sind. Jede hat ihre ganz eigene Stimmung und Persönlichkeit. Erfahrenswert und empfehlenswert sind sie alle. An einem heißen Augusttag bei Temperaturen um 32 Grad Celsius im Schatten war ich kürzlich wieder einmal auf Langeoog. Diese Temperaturen sind hier die Ausnahme. Sonst ist es eher frischer und der Wind bringt nicht nur Abkühlung, sondern sorgt auf nackter Haut häufig auch für echte Gänsehaut. Aber ich hatte einen echten Karibiktag erwischt und der Gang ins Wasser war die einzige Möglichkeit, sich abzukühlen. Bei Ebbe erreicht man vom Hauptstrand schwimmend eine kleine vorgelagerte Sanddüne. Wer diese überquert, wird mit der Brandung der Nordsee belohnt. Unbändig rauschen sie heran, die Wellen. Eine nach der anderen. Im ewigen Spiel. Immer und immer wieder. In der Brandung zu sein macht süchtig nach mehr. Sich der Wildheit der Natur zu über-

Ebbe und Flut – Sinnbild für Geburt und Tod   *Möwenkolonien – vertrautes Nordseebild*

lassen bringt Ekstase. Leidenschaftlich und ungestüm brechen die Wellen heran und ich werfe mich ihnen entgegen. Mein Rhythmus gleicht sich dem des Meeres an. Ein ständiger Wechsel, aber gleichzeitig die stetige Konstanz – ein ewiges Werden und Vergehen. Manchmal lasse ich mich mitrollen. Wellenberge türmen sich auf, schwellen an. Hoch, höher, noch höher. Auf dem höchsten Punkt kippt die Welle über: überreizt, voll, vollendet. Jede Welle überlässt sich freiwillig dem Schwung und dem Zerfall, vergleichbar mit

dem Liebesakt. Ein kleiner Kopf taucht aus den Wellen empor. Zuerst erschrecke ich, dann erkenne ich eine kleine Robbe, die mich neugierig betrachtet und näher kommt. Kurz vor mir taucht sie unter und verschwindet. Robben sind die Engel des Wassers, meint Jeanne Ruland:

»Als Wesen, welches große Wanderungen über den Ozean unternimmt, kennt sie die tiefen Geheimnisse der Unterwasserwelten. (...) Sie bringt die Erkenntnis von den Kreisläufen und den Spiralen ewig wiederkehrender Zyklen und von alten Plätzen, welche deine Seele auf ihren früheren Wanderungen bereist hat. Damit weckt sie neues Potenzial und bringt das Urvertrauen, die Liebe, die wortlose Verständigung, die Wahrnehmung der Tiefe, den Blick für größere Zusammenhänge… wie den magischen Spiegel, die Kraft der heilenden Klänge und Töne, die Ruhe und Stille, die meditative Lebensweise, die Kraft der Liebe und der Fürsorge füreinander sowie die Kraft der Reinigung durch das Salzwasser.«

Spät am Abend färbte die Sonne noch die letzten Wolkenfetzen tiefrot. Das letzte Licht spiegelt sich sanft in den Pfützen, die die Ebbe hinterlassen hat. Weiter draußen spielen die Wellen weiter ihr Spiel. Aber am Strand ist jetzt sichtbar geworden, was sonst vom Wasser verdeckt wird. Eine neue Welt eröffnet sich jeden Tag aufs Neue und verhüllt sich Stunden später wieder. Auch dies ist Zyklus und mich beschleicht ab und zu ein seltsames Gefühl, zu wissen, hier auf dem Meeresgrund ohne Wasser herumzulaufen. Bei Flut wäre ich an dieser Stelle meterhoch unter Wasser,

Am Meer vereinigen sich alle Elemente

Das Meer spiegelt am Abend die sanften Farben

doch jetzt spaziere ich hier unbehelligt umher. Beim letzten Licht lasse ich meine Melodien über den einsamen Strand klingen und reise weit hinaus über das Meer in andere Räume und Länder.

Auf einer Insel ist man wirklich »weg« und in einer anderen Welt. Der Alltag liegt weit hinter einem, spielt keine Rolle mehr, ist von uns getrennt durch das große, ewige Wasser. Man hat »übergesetzt« und ist an einem anderen Gestade angelandet. Man hatte den festen Grund unter den Füßen aufgegeben, sich einem Schiff anvertraut und ist glücklich angekommen. Bei unserem Morgenspaziergang in der Brandung spült mir eine Flaschenpost vor die Füße. Neugierig drehe ich den festen Schraubverschluss auf, ziehe das Blatt Papier heraus und falte es auf. »Gutschein fürs Leben!« steht da auf der einen Seite. Auf der anderen: »Die besten Wünsche für ein glückliches Leben. Viel Glück und Liebe. Lebe dein Leben und grüble nicht!« Das ist gut gesagt, ich danke der Senderin von Herzen.

»Tote« Bäume,
Wegweiser zum Himmel

WÄLDER UND BÄUME (Element Feuer)

Der Wald war den alten Germanen heilig. Er war Stätte der Götter und wichtige Rituale wurden in den heiligen Hainen abgehalten. Wenn wir Menschen nicht mehr wären, würde Deutschland wohl in 100 Jahren wieder von einem fast durchgängigen Wald überzogen sein. Der Wald ist das natürliche Landschaftskennzeichen der gemäßigten Klimazonen. Er schützt die Erde, der Waldboden ist weich und sämtliche Widrigkeiten des Klimas (Wind, Regen, übermäßige Sonne) werden im Wald gemildert. Er ist ein Regenerationsraum für alle Kreaturen.

Im Wald werden wir uns bewusst, wie sehr wir selbst mit der Natur, aber gleichzeitig mit dem Göttlichen verbunden sind. Bäume ragen in die Höhe und Tiefe zugleich. Sie sind eine lebendige Brücke zwischen Himmel und Erde. Mit ihren Wurzeln tief im Erdreich sind sie fest mit Mutter Erde im Austausch und ernähren sich von ihr. Mit ihren Ästen ragen sie hoch in den Himmel und wirken wie natürliche Antennen, um die himmlischen, kosmischen Kräfte auf die Erde zu ziehen. An ihrem Stamm können wir uns mit diesen Kräften verbinden und vereinen. Wir erfahren dort sehr leicht, dass wir mit allem, was ist, in ewiger Verbindung stehen und dass wir gar nicht aus der kosmischen Kraft herausfallen können. Im Wald haben wir die Möglichkeit, uns das Unvorstellbare vorzustellen, das Unaussprechliche zu erfahren.

Nach einem Spaziergang im Wald ist unsere Seele ausgelüftet, viele Alltagssorgen haben sich »verflogen«. Es ist uns vielleicht bewusst geworden, wie unwichtig sie angesichts der Ewigkeit eigentlich waren und sind. Geduld ist eine der Eigenschaften, die der bewusste Aufenthalt in Wäldern fördert. Die Welten-

bäume erzählen uns von Standfestigkeit und
der Fähigkeit, in Ruhe abzuwarten, wie die
Winde wehen. Und sie zeigen uns auch, uns
nicht von jedem Wind umblasen zu lassen,
sondern in Flexibilität den Kräften nachzu-
geben, ohne zu brechen. Gerade im Wald
sind wir den Elementarwesen besonders
nahe, ist dieser doch ihr bevorzugter Aufent-
haltsort. Hier wohnen sie gerne, denn hier
sind sie noch weitgehend ungestört.

Der amerikanische Psychotherapeut und
Dichter Chris Hoffman macht darauf aufmerksam, dass wir den Bäumen einen Quan-

tensprung im Bewusstsein verdanken, denn sie
haben uns gezeigt, wie wir das Feuer nutzen
können.

Vor langer, langer Zeit zuckte ein leuchtender
Blitz vom Himmel herab – verbunden mit
einem heftigen Donnerschlag – und setzte
einen Baum in Brand. Einer unserer uner-
schrockenen Vorfahren wurde wohl durch
diesen Baum inspiriert, das Feuer zu nutzen.
Damit nahm sich der Mensch ein Stück
Wissen, das die Menschheitsgeschichte und
die Welt verändern sollte.

Es gibt zahlreiche Mythen und Rituale
rund um den brennenden Baum, zum Beispiel das nordeuropäische Yule-Fest und die
Wintersonnenwende. Brennende Feuerräder
werden von Bergen gerollt und bringen so
symbolisch die göttlichen Feuerkräfte auf die
Erde. Gott erschien Moses in einem brennenden Strauch (in der Wüste gab es keine
Bäume, also musste ein kleiner Verwandter
übernehmen) und klärte ihn über seine Mis-
sion auf. Das Feuerelement zeigt sich auch
bei den häufigen Waldbränden in südlichen
Ländern. In Kalifornien (aber auch in vielen
mediterranen Ländern) ist die gesunde Ent-

Ein altehrwürdiger Baum gewährt Schutz

Die Natur als Designer   *Eiche umarmt Buche*

wicklung des Waldes sogar an die Feuers-
brünste gekoppelt. Es gibt Samen, die erst
durch das Feuer ihre Fruchtbarkeit entfalten
können. Und es gibt Baumarten – wie den
Redwood zum Beispiel –, deren Rinde gegen
das Feuer immun ist und die Brände unbe-
schadet, wenngleich äußerlich verkohlt, über-
steht. Das Feuer ist in diesem Fall nichts anderes als der Tod des Alten, der dem Neuen
den Weg bereitet. Feuer und Neubeginn
gehören so eng zusammen wie Bäume und
Transzendenz.

In der Verbindung mit Bäumen und in
Wäldern können auch wir uns über unsere

Lebensaufgabe klar werden. Der Wald ist ein
geeigneter Ort für die westliche Visionssuche,
denn gerade hier ist die Ursprünglichkeit der
Natur noch anzutreffen. Wenn wir unsere
Hände auf die Rinde eines alten, weisen Baumes legen, ruhen sie auf den Säulen der Zeit.

»Wenn Sie hundet Jahre lang an dieser Stelle
verharren und aufmerksam lauschen würden,
könnten Sie hören, wie eine einzige Silbe der
langen Unterhaltung mit Gott vollständig aus-
gesprochen wird. Dort zu verweilen macht
Sie demütig und verhilft Ihnen zu Geduld
mit Ihrem eigenen Leben«, meint Hoffman.

Aber die »Unterhaltung« mit dem göttlichen Bewusstsein über einen Baum funktioniert auch durchaus ein wenig zeitnaher. Ich habe viele Eingebungen, Inspirationen, Hoffnungen und Tröstungen am Stamm »meiner« Buche erhalten.

Niemals werde ich vergessen, wie ich im Verlauf einer schweren Erkrankung im Schneetreiben mit meiner Freundin mitten im Neuenburger Urwald stand, meine Hände an die Rinde meines geliebten Baumes legte und innerlich die Frage formulierte, ob ich denn jemals wieder gesund werden würde. Ich hatte den Gedanken noch nicht ausgedacht, da zuckte in unmittelbarer Nähe ein Blitz, begleitet von einem mächtigen Donnerschlag, durch das Schneegestöber und ich wusste: Die Antwort ist JA! Tiefste Dankbarkeit durchströmte mich ob dieser so direkten und schnellen Verbindung nach »oben«.

Nicht umsonst wird der Baum in religiösen Zusammenhängen und Legenden als »Achse des Universums« oder »Himmelssäule« betrachtet. Fast alle Hochkulturen haben – mit den unterschiedlichsten Namen – den Baum als Verbindungsachse zwischen Himmel und Erde geehrt. Etwa die berühmte Weltesche

Schnee lässt am Baum
neue Eigenschaften erkennen

Yggdrasil bei den altnordischen Völkern, aber auch die Babylonier, Sumerer, Hindus, Azteken, Maya, die sibirischen Jakuten und die Irokesen, sie alle verehrten die Verbindungskräfte des Baumes mit dem Universum. Die drei Wurzeln der Weltesche übrigens werden von je einer Quelle gespeist.

Überirdisches Licht hinter dunklen Bäumen

»Als endliche Wesen vermögen wir die Unendlichkeit nicht direkt zu erfassen. Unsere Vorstellungen vom Göttlichen fungieren gleichsam als Transformatoren, die eine gefährlich hohe Spannung auf eine niedrigere reduzieren, welche wir sicher handhaben können. Letztendlich ist jedes Bild des Göttlichen lediglich eine Tür, die uns einen Zugang zur Transzendenz hin öffnet«, meint Hoffman.

So betrachtet trägt der Baum für uns das Bild von der Möglichkeit, sich mit Gott zu verbinden und mit ihm in einem direkt erfahrbaren Kontakt zu stehen. Auch die Metapher von der Jakobsleiter ist im Ursprung mit dem Baumsymbol verbunden. Der heilige Benedikt stellte eine Regel auf, die besagt, dass wir unser Leben wie eine Leiter aufbauen müssen, die zu Gott hinaufführt.

Das Bild des Hinaufsteigens ist auch wiederzufinden im Chakrensystem des tantrischen Hinduismus. Dort steigt die Lebenskraft durch die einzelnen Energiepunkte stufenartig von unten nach oben zur Erleuchtung. Die feurige Schlangenkraft, die zusammengerollt

Der Baum – eine natürliche Jakobsleiter

am unteren Ende der Wirbelsäule schläft, wird Stufe um Stufe durch die Chakren emporgehoben und kann sich so immer mehr entfalten. Oben angekommen, vereinigt sich das Weibliche mit dem Männlichen in der heiligen Hochzeit und findet so den Eingang in die höchste Weisheit und Glückseligkeit. Diese Bilder sind ursprünglich und unmittelbar in uns angelegt. Je weiter wir auf der Achse nach oben steigen, desto weiter wird unser Blick und umso näher kommen wir göttlichen Einsichten. Ab einem bestimmten Punkt der Entwicklung tragen dann auch die Menschen, genau wie die Bäume, Früchte, mit denen sie ihre Umgebung nähren und erfreuen können.

»Die Seele im Körper ist mit dem Saft in einem Baum vergleichbar, und die seelischen Kräfte sind der Gestalt des Baumes vergleichbar.«

Hildegard v. Bingen

In Deutschland existieren noch einige sogenannte Urwälder, die aus der Holznutzung seit mehreren (Baum)-Generationen herausgenommen wurden und in denen sich der Wald noch ganz natürlich entwickeln darf. In solchen Urwäldern erleben wir den Kreislauf von Geburt, Wachstum und Verfall und wiederum Neuanfang sehr deutlich. Es ist ein wunderbares Erlebnis, den Wald im Jahresverlauf bewusst mitzuerleben.

Immerwährende Erneuerung

Transformative Glut

Diese Fülle im Frühling: Frische, anregende Grüntöne in schier unendlicher Vielfalt, weiße Buschwindröschen überziehen den Boden, die Vögel zwitschern um die Wette und singen die Lieder der Ankunft, alles riecht nach Neuanfang und Versprechen. Die Erneuerung der Natur lässt uns erahnen, dass der Tod niemals endgültig ist, dass das Leben danach immer wieder von vorn beginnt. Jedes Jahr aufs Neue besiegt die natürliche Schöpferkraft das Abgestorbene, das sich zur Wandlung freigegeben hat.

Und im Sommer wird der Wald zum Ort des Lebens. Insekten summen, Ameisen und Käfer sind emsig beschäftigt und arbeiten mit großem Fleiß an ihren Aufgaben. Umsetzung ist das Thema. Aber der Wald gibt all dem einen schützenden Rahmen und Halt. Sein grünes Blätterdach schützt vor der sengenden Sonne, spendet Schatten und Linderung für arbeitsmüde Menschen. Die Luft im Wald ist selbst an heißen Sommertagen immer noch ein wenig erfrischend und würzig. Wenn ein leichter Wind durch die Blätter streicht,

Unendliche Fülle

Unschuldige Reinheit

beginnen die Bäume zu murmeln und lassen uns an ihrer alterslosen Weisheit teilhaben. Wer hatte nicht schon bei einem Spaziergang durch den Wald plötzlich eine zündende Idee? Der Wald im Sommer kann die Wärme der Sonne bis lang in die Nacht speichern.

Im Herbst geht das Leben im Wald in eine neue Runde. Die Blätter färben sich mit einer schier unglaublichen Vielfalt an Farben. Das gesamte Leben ist darin enthalten. Alles ist zur Reife gelangt und feiert jetzt in Pracht und Fülle das Leben noch einmal bis zur Neige. Der würzige Duft der Pilze lässt uns den nährenden Aspekt des Lebens erkennen. Für uns wird gesorgt: jetzt und immer. Getragen in diesem Vertrauen, können wir dem nahenden Jahresende getrost entgegensehen. Wenn die Blätter fallen, neigt sich ein Zyklus seinem Ende zu, alles, was im Wachstumszyklus entstanden ist, hat sich erfüllt und kann deshalb jetzt wieder zurück zu Mutter Erde fallen. Dort wird es von ihr aufgenommen und umgewandelt. Ein Prozess, der Zeit bedarf.

Im Winter, wenn das Leben über der Erde scheinbar zum Stillstand gekommen ist, wenn alles karg und düster aussieht, ist es in der Erde lebendig. Alle Kräfte haben sich unter sie zurückgezogen und bereiten dort schon wieder – für die Menschen unsichtbar – den nächsten Wachstumszyklus vor. Die Wurzeln sammeln neue Kraft und können sich auf das Bevorstehende konzentrieren. Es ist die Zeit der Ruhe und Stille im Wald. Die kosmischen Kräfte haben freien Zugang von oben, der Wald ist licht geworden. Die Blätter – so schön sie im Sommer auch sind – versperren nicht den Blick nach oben in die Unendlichkeit. Im Wald kann der Mensch auch erfahren und spüren, dass er schließlich auch selbst eine Brücke zwischen Himmel und Erde sein kann – ein wesentliches Merkmal von Seelenplätzen.

Es ist eine bereichernde Übung, über ein Jahr hinweg mindestens einmal pro Woche (zweimal wäre natürlich noch besser) durch den Wald (immer den gleichen) zu gehen und alles aufzunehmen, was er uns zu sagen hat, und dabei den Wandel der Jahreszeiten bewusst mitzuerleben und daraus ganz individuelle Erkenntnisse für das eigene Leben zu ziehen. Über das Jahr hat man dann einen neuen Freund dazubekommen: den Wald. Eine andere wunderbare Idee ist, sich im Wald einen besonderen Baum zu suchen und eine enge und bereichernde Beziehung mit ihm einzugehen. Für mich ist eine starke, alte und weise Buche meine Begleiterin geworden, die ich in Kummer, Leid und Krankheit oft aufgesucht habe und die mir auf vielfältige Weise geholfen hat. Aber auch in Momenten der Freude und der Dankbarkeit besuche ich sie so oft wie möglich. Wie sowieso der Dank an die Schöpfung so guttut.

Bäume sind natürliche Therapeuten. Sie können uns sanfte Impulse geben: Sie vermitteln Geborgenheit, Zuversicht, Freude, Langmut, Geduld, Kraft, Schutz, Ruhe, Harmonie, Intuition und sind zu einer Kommunikation mit uns Menschen gerne bereit. Ein Baum erinnert uns archetypisch auch immer an das Symbol des Lebensbaumes.

»Wie der Kreis ist auch der Baum eine Metapher, die darauf ausgerichtet ist, neue Horizonte zu eröffnen«, schreibt Chris Hoffman.

Der Baum hilft uns, unser rationales Bewusstsein emporzuheben und unsere Individualität

Umschlungene (Wald-)Erotik

zu entdecken: unsere Wurzeln, unseren innersten Kern. Gleichzeitig fördert der Baum »vertikales Sehnen« – die Verbundenheit mit dem gesamten Organismus Erde, ja Kosmos. Durch die vertikale, nach oben strebende, Form des Baumes zieht er uns aus der Mittelmäßigkeit empor. Wie hoch wir hinaufkommen, hängt allerdings entscheidend mit davon ab, wie tief wir gleichzeitig verwurzelt sind.

Ein bloßes Streben nach oben ohne Verwurzelung hält keinem Sturm stand und wird früher oder später einen Fall zur Folge haben. Wurzeln ziehen Wasser aus den Tiefen der Erde – aus der Quelle der Kraft – nach oben in die Äste, in die Manifestation. In der Kabbala heißt es, dass jeder Abstieg die Vorstufe zum Aufstieg ist.

»Genau wie bei einem Baum, der seine Wurzeln in die Tiefe streckt, wird auch für uns neues Wachstum nach oben möglich, wenn wir die Hand nach unten ausstrecken, um das Wasser des Lebens zu schöpfen«, erkennt Hoffman.

Insofern gehört der Abstieg in die Tiefen unseres Seins zur Erkenntnis unserer Ursprünge dazu, die dann schließlich wieder aufwärtsstreben und in der Manifestation münden. In der feuchten, geheimnisvollen Unterwelt liegt die unsichtbare Verbindung zwischen Baum und Kreis.

Ast mit eigenwilligem Eigenleben

*600 Jahre alte Dreheiche
im Neuenburger Urwald*

Hohler Baum zum Betreten

Neues Pilz- und Flechtenleben auf totem Holz

URWALD NEUENBURG
(ZETEL, FRIESLAND)

Tote, alte Riesenbäume, trotz mehrfachen Blitzschlages noch immer mindestens 20 Meter hoch, trotzen unverdrossen dem Zahn der Zeit und recken ihre spitzen Äste wie Finger mahnend in den Himmel. Schon lange haben sie ihre eigene Rinde verloren, doch Blätter nachwachsender Nachbarbäume und kletternder Efeu verdecken – zumindest unten – ihre Blöße. Für kurze Zeit lässt die herbstliche Farbpalette sie wieder lebendig erscheinen. Ringsumher stehen die Bäume kreuz und quer, viele stützen sich gegenseitig, umarmen sich, mal reißen sie sich aber auch im Dominoprinzip zu Boden. Dort bleiben sie liegen und entwickeln nach einiger Zeit wieder ein eigenes, neues Leben. Häufig sprießt aus den gefallenen Überresten eines Baumgiganten wieder neues Holz; der Kreislauf beginnt von vorn. Werden und Vergehen liegen in greifbarer Nähe. Nichts geht ganz verloren. Alles hat seine Nützlichkeit.

153

In morschen, ausgehöhlten Stämmen finden unzählige Baumpilzarten ideale Lebensbedingungen. Leichter Moder, durchzogen von würzigem Pilzgeruch, erinnert, dass der Wald früheren Generationen alles gegeben hat, was sie zum Leben brauchten: Nahrung, Medizin, Holz für Haus-, Schiff- und Waffenbau, Materialien für Kleidung, Gerb- und Farbstoffe, Möbelholz und Brennstoff gegen die Kälte des Winters.

Der damals üblichen gemeinwirtschaftlichen Nutzung des Waldes durch anliegende Bauernschaften wurde in Neuenburg 1654 durch den Oldenburger Grafen Anton-Günther ein jähes Ende bereitet. Dabei dürften es weniger Naturschutzgedanken gewesen sein, die den Grafen bewogen haben mögen, den Wald unter seinen persönlichen Schutz zu stellen. Vielmehr war er daran interessiert, seinen Besitz vor dem Raubbau der Bauern zu schützen und das gräfische wirtschaftliche Grundkapital auch für die Zukunft zu erhalten. Einige Jahre später wurde den Untertanen »in Gnaden« gestattet, das Weichholz zu nutzen, jedoch nur in Maßen »sowohl zu ihrer eigenen Notdurft als auch zum hochnötigen Verkauf«. Von den Harthölzern – also von Eichen, Buchen und Hainbuchen – durften die Landbewohner nur »die sohren (vertrockneten) und unfruchtbaren Eichen- oder Buchenbäume zur Erhaltung der Gebäude fällen und verwenden«.

Aus dieser Not, so erzählt Forstoberrat Bernd Kriebitzch, wurde von den Untertanen eine Tugend gemacht. Die cleveren friesischen Bauern entkleideten (schälten) den Baum seiner Rinde, sodass er sohr werden musste und der Axt zum Opfer fallen durfte. Doch Graf Anton-Günther war auch nicht auf den Kopf gefallen. In der Holzordnung 1677 verbat er jede Beschädigung eines Baumes unter Androhung von Leibesstrafen. Das bedeutet allerdings nicht, dass der Wald damit schon seine Ruhe gefunden hatte.

Denn jedes Jahr zum 1. Mai durften die Bauern bis zum Oktober ihr Vieh in das Neuenburgerholz treiben. Dank sorgfältig geführter Zähllisten wissen wir, dass zum Beispiel im Jahr 1792 insgesamt 284 Pferde, 861 Kühe, 660 Schweine und sage und schreibe nicht weniger als 1292 Gänse sich durch das Unterholz fraßen. Erst 1917 fand der Vieheintrieb ein Ende, obwohl schon unter Großherzog Nikolaus-Friedrich-Peter (1853–1900) der Urwald ganz aus der forstwirtschaftlichen Nutzung herausgenommen wurde.

Gut 20 Jahre später wurde der Urwald in Neuenburg schließlich unter gesetzlichen Naturschutz gestellt und ist damit eines der ältesten Naturschutzgebiete Deutschlands.

Der Urwald ruht in sich und unter seinem Dach, in seiner Stille, schrumpfen sich Alltagsprobleme gesund, um so wie ein leichtes Blatt mit dem Säuselwind von dannen zu ziehen. Angesichts der Weltenbäume, Lebensbäume und Stammbäume im Urwald drängen sich Gedanken an Unendlichkeit fast von allein auf. Der Wald wächst nach oben und nach unten zugleich. Nach oben strebt er den göttlichen, lichten Sphären zu. Nach unten, in seinen Wurzeln ist er fest in der tiefen dunklen Erde verhaftet, die ihn vor Entwurzelung schützt.

»Wald, Baum und Stein«, so schreiben Verena Eggmann und Bernd Steiner, »waren nicht nur Symbole des Sakralen, sie waren der Ort, wo sich die Götter aufhielten, sie waren die Gottheiten selbst, ein unauflösbares Amalgam.«

Heilig erscheint der Urwald noch heute. Ein Stein mit der Aufschrift »Hilliger Holt« – also »Heiliges Holz (Wald)« – erinnert am Urwald-eingang an der Zeteler Straße daran. Für mich ist dieser Wald Rückzugsort und Heilort in einem. Ich habe dort meine ganz speziellen Stellen, die mich verbinden mit allem, was ist. Wenn ich länger nicht dort war, merke ich sehr deutlich, dass mir etwas fehlt. Hier bin ich gesund geworden, hierher zieht es mich immer wieder.

Nur eine knappe Autostunde entfernt liegt bei Hude (in der Nähe von Bremen) der Hasbruch, ein weiterer Urwald, in dem sich ein Besuch auch lohnt. Auch dort sind Elementarwesen in großer Hülle und Fülle zu finden für den, der sich für sie öffnet.

Wurzelkunst im Urwald Hasbruch

TASSILOLINDE IN WESSOBRUNN (OBERBAYERN)

Gemeinsam mit Peter Frank fahren wir nach Wessobrunn. Es soll dort, so habe ich gelesen, eine Stele stehen, die den Hauptenergieknotenpunkt des gesamten Landschaftsraumes bildet. »In Wessobrunn wird das Wetter ge-macht«, erzählt mir Peter, während wir den Klosterinnenhof betreten. Das sagen die Leute in der Gegend seit Generationen.

Das Wessobrunner Kloster war ein konservativer Machtort und ist es bis heute in gewisser Weise auch geblieben. Es führt eine Leylinie (Energielinie) bis ins Weilheimer Rathaus.

Die 1000-jährige Tassilolinde in Wessobrunn

Figuren, Gesichter und Symbole im Stamm

Noch immer regnet es gerne in Strömen, wenn in der Tagungsstätte »freiere« Angebote stattfinden – zum Beispiel bei schamanischen Ritualen, weiß Peter zu berichten.

Als wir ankommen, nieselt es leicht (ganz so bedrohlich werden wir vom Wessobrunner Schutzgeist also nicht eingeschätzt). Wir gehen zu den drei Quellen, die dort von Herzog Tassilo entdeckt worden waren. Ich bin enttäuscht über die lieblose und sachliche Einfassung: quadratisch, praktisch und nicht gut. Abgedeckt mit dicken Holztüren und mit Ketten gesichert, die wohl nachts verschlossen werden. Hebt man den Deckel und schaut in den Schacht, liegt in der Tiefe ein stilles Wasser, überzogen mit einer Haut. Davor ein Becken, in dem sich Fische tummeln. Auch hier ist die Einfassung komplett uninspiriert. Ein dankbares Betätigungsfeld für geomantische Gestalter. Es ist sicherlich ein gutes Wasser, aber es leidet unter der Art und Weise, wie es behandelt wird, und der Nichtachtung seiner Qualitäten.

Rechts oberhalb der Quellen steht eine wunderbare große Linde mit einer sehr rührenden und fürsorglichen Energie. Sie versorgt den ganzen Bereich mit Heilungskraft. An der be-reits erwähnten Stele ist die Energie dicht und machtvoll. Ein altes Heiligtum soll sich an dieser Stelle befunden haben. Die Stele soll im Altarbereich gestanden haben. Durchaus nachvollziehbar.

Dann aber der Ausgleich: die 1000-jährige Tassilolinde ganz in der Nähe. Sie war an diesem Tag mit Blumen geschmückt. Das zeigt, wie sehr sie verehrt wird. Mich hat sie stark bewegt. Schon von Weitem sendet sie ihre Energie. Eine langsame und andächtige Annäherung ist deshalb sehr angebracht. Ich habe sie als sehr weise und Zuversicht spendend erlebt. Als ich mich schließlich in ihre Mitte stellte, wurden meine Beine ganz weich und gaben fast nach. Ihre Energie zog mich in den Boden, es war, als wolle sie mich mit der Erde verbinden. Gleichzeitig zog sie mich rückwärts an ihren Stamm. Angelehnt flüsterte sie mir allerhand persönlich Nützliches zu. Unter dieser Linde soll der Herzog übrigens seinen Traum von der Himmelsleiter gehabt haben.

Stein von Peter Frank,
dem Wasserelement gewidmet

Zurück in Weilheim besuchen wir den Steinkreis, den Peter dort gestaltet hat. Er liegt
auf einer wahren Elfenwiese mit wunderbar
sanfter Schwingung in der Parkanlage »In der
Au« unweit eines Wasserlaufs. Sechs Steine
verkörpern darin wesentliche geomantische
Aspekte der Stadt. Besonders gefallen hat mir

sein Stein für das Wasserelement. Oben ist
eine kleine Wasserschale, die das Himmels-
wasser einlädt, sie auffüllen. Der Stein drückt
zwei Energien aus: Er ist empfangend und
gebend zugleich; Mond und Sonne gleichzeitig, fließend und nährend, aber dabei auch
aktiv aufsteigend.

STÄDTE

Die ersten Siedlungen der Menschen entstanden an besonders geeigneten und oft auch in der Nähe von heiligen Plätzen. Jeder Siedlungsgründung ging eine sorgfältige Auswahl voraus. Beachtet wurden nicht nur geografisch günstige Verhältnisse (wie Wasser, klimatische Voraussetzungen, guter Boden, Windrichtung etc.), sondern auch geomantische Faktoren. Geomantie bezeichnet das Wissen um die Erdkräfte, das heißt die Energielinien und energetischen Gegebenheiten von Orten. Abgeleitet wird der Begriff von den griechischen Worten »Geo« (Erde) und »Mantik« (Wahrsagekunst, aber auch Wissenschaft, denn diese beiden Begriffe waren im Altertum eng miteinander verknüpft). Die Landschaftsarchitektin Petra Gehringer definiert Geomantie so:

»Man versteht Geomantie heute als die Lehre von den geistigen und energetischen Zusammenhängen der Erde und das sich daraus ergebende Wissen, menschliche Aktivitäten unter Berücksichtigung der feinstofflichen Gegebenheiten in Einklang mit dem Umfeld zu bringen.«

Die unsichtbaren Erdkräfte zu erspüren war im Altertum eine wichtige Aufgabe der Druiden, Schamanen, Priester und Priesterinnen. Um die Lebenskraft der Landschaften für Siedlungen verfügbar zu machen, rammte der geomantisch tätige Priester einen Pfahl in die Stelle mit der höchsten Energie und »pfählte den Drachen«. Damit ist die Schlangenkraft domestiziert und stellt sich in den Dienst der Menschen. Die Energie wurde also an der Stelle festgehalten, konnte sich aber daher auch erschöpfen.

Das war den Priesterinnen und Priestern – sowie allen anderen Bewohnern der Stadt – klar und deshalb wurden in regelmäßigen

Abständen Rituale ausgeführt, um die Lebenskraft wiederzubeleben und ihren freien Fluss zu gewährleisten. Das Maibaumsetzen ist zum Beispiel darauf zurückzuführen. Durch diese Kulthandlungen wurde der Erde im Prinzip das zurückgegeben, was ihr zuvor genommen wurde. Auf diese Weise blieb die Balance bestehen und die Lebenskraft erschöpfte sich nicht. Die Hilfe von Naturgeistern wurde mit einbezogen und auch sie sorgten dafür, das Gleichgewicht aufrechtzuerhalten.

Wir dürfen davon ausgehen, dass alle Städte, die älter als 700 Jahre sind, nicht zufällig entstanden sind. Sicherlich spielten die Handelswege eine nicht zu unterschätzende Rolle, doch auch diese wurden nach diesem Prinzip angelegt. Denn die alten Römer wussten die Kräfte der Geomantie durchaus zu nutzen und setzen sie sogar zur Machterhaltung ein. Durch die Handelswege verteilten sie ihre Energieströme über das Land. Römerstraßen verliefen nicht zufällig über bestimmte Strecken, sondern genau entlang der Leylinien, das haben Untersuchungen von Watkins bereits 1923 gezeigt. Ein längerer, regelmäßiger Aufenthalt auf geomantischen Störzonen (Schlafstätte, Arbeitsplatz) kann gesundheitlich nachteilig sein, ein kurzfristiger aber wirkt

dagegen belebend und stimulierend. Ausmarschierende Legionäre wurden durch diese Kräfte also unterstützt.

Und noch eine interessante Beobachtung: Die Römerstraßen waren über weite Strecken gepflastert – zur damaligen Zeit sehr ungewöhnlich. Das diente aber nicht nur dazu, die Wege zu befestigen, sondern durch die spezielle Bearbeitung der verwendeten Steine wurde die Kraft auf den Wegen nach vorn ausgerichtet. So luden die Steine und damit die Wege die Menschen energetisch auf.

Zudem wurden beim Straßenbau vornehmlich rechtsdrehende Baustoffe mit einer Wellenlänge von 14,80 cm verwendet. Genau diese Wellenlänge findet sich interessanterweise auch bei der Pflanze Beifuß, die von den Römern gegen Fußbeschwerden in die Sandalen eingelegt wurden. Eine Maßnahme, die auch schon die Kelten bei längeren Fußmärschen angewandt hatten.

Erst im Verlauf der Christianisierung wurden Erdkräfte regelrecht verteufelt und es war zum Beispiel streng verboten, an heiligen Quellen, Bäumen und Naturheiligtümern zu beten und Rituale abzuhalten. Die Verbindung zum Himmel war allein der Kirche vorbehalten und die meisten Kultorte wurden von kirchlicher Seite »besetzt« und umgewidmet, indem einfach Kirchen oder Kapellen darauf gesetzt wurden. Der Benediktinerorden zum Beispiel erbaute seine Klöster entlang von Energie-linien. Dadurch war die geistige Kontrolle über ganze Landstriche möglich. Alte, heilige Bäume – als Sitz der alten Götter – wurden kurzerhand gefällt. Andere Stätten der »Heiden« wurden regelrecht verteufelt, was man heute noch an Namen wie »Teufelsmauer«, »Hexentanzplatz«, »Teufelstisch«, »Heiden-dom« sehen kann.

Wobei allerdings nicht vergessen werden sollte, dass von den Druiden das Christentum nicht abgelehnt wurde, und viele Bischöfe der frühen Kirche waren ehemalige Druiden. Das heißt, es gab zunächst einen fließenden Über-gang von keltischen kultischen Handlungen und christlichen. Erst mit der Zeit kamen Bestrebungen innerhalb der Kirche auf, sich von den »Heiden« abzugrenzen und damit auch ihre Kultstätten zu dämonisieren.

Das Wissen um die Erdkräfte wurde mit Hexerei oder Magie gleichgesetzt und es aus-zuüben kam einem Todesurteil gleich. Um himmlische Kräfte jedoch zu bündeln, wurde das geheime Wissen für den Bau von Kathe-dralen und bedeutenden Kirchen genutzt.

Der Bär, Berlins Wappentier, steht für Kraft, Bedächtigkeit, Mut, Macht und Unverwundbarkeit

Die Menschen wurden jedoch immer weiter abgeschnitten von der Geistigkeit der Erde, sie verloren mehr und mehr ihre Verbindung zu Mutter Erde. Sie wurde mit der Zeit nicht mehr als lebender Organismus anerkannt und damit sank auch die Hemmschwelle, die Erde auszubeuten. Betont wurde der Aspekt, die Erde »sich untertan« zu machen. Der Mensch wurde nicht mehr als Teil der Natur angesehen, durch die er tief mit der Göttlichkeit verbunden ist, sondern Mensch und Natur waren schließlich getrennt.

»Durch den Verlust des direkten Kontaktes mit der Natur und der gefühlvollen Bindung zur Erde wurde der Mensch kopflastig, was die Auflösung der festen Verankerung in sich selbst und damit den Verlust der Eigenständigkeit zur Folge hatte«, schreibt Petra Gehringer in ihrem empfehlenswerten Buch »Geomantie. Wege zur Ganzheit von Mensch und Erde«.

Auch im Nationalsozialismus wurde das Wissen um die Erdkräfte missbraucht. Alte Kultstätten wurden genutzt, um die Herrschaft des Dritten Reiches zu festigen und auszubauen.

Bamberger Dom – strahlende Mystik

Wewelsburg – düstere Stimmung

Die Wewelsburg bei Paderborn ist solch ein Beispiel. Dort entstand in einer energetisch besonders kraftvollen Burg (Anlage der Burg in Dreiecksform!) ein Ausbildungs- und Kaderzentrum der Nazis. Vorgesehen war sogar, den gesamten Ort mit einzubeziehen und dort den Mittelpunkt der Erde (Erdnabel) zu installieren. Daraus ist dann aber nichts mehr geworden. Es ist daher dringend notwendig, diese Stätten auch energetisch zu reinigen und zu heilen, denn Kulthandlungen setzen sich an solchen Orten fest und wirken weiter. Die immer zahlreicher werdenden Geomantiegruppen in den Regionen widmen sich seit geraumer Zeit dieser Aufgabe und haben schon viel Belastendes aufgelöst.

Orte können demnach heilbringend und mit aufbauenden Energien »aufgeladen«, aber eben auch leider mit unheilvollen Energiestrukturen belastet werden.

Zurück zur Gründung einer Stadt. Städte wurden nicht nur an einem besonders energievollen Ort erbaut, sondern sie waren auch optimal in das Landschaftsgefüge eingebunden. Aber nicht nur das: Auch der Zeitpunkt für die Stadtgründung war nicht beliebig, sondern wurde astrologisch genauestens berechnet, damit günstige kosmische Kräfte das Wachstum und den Reichtum der Stadt positiv unterstützen konnten.

»Die Gründung ist eine magische Handlung, in der in gewisser Art die Erschaffung der Welt wiederholt wird. Wenn etwas gegründet wird, werden die Energien, die zu dieser Zeit wirksam sind, fixiert. (…) Sind Ort und Zeit bei der Gründung günstig gewählt, schwingt die Stadt in Harmonie mit der kosmischen und irdischen Welt«, weiß Gehringer zu berichten.

Sagen und Legenden vermitteln noch heute einen Eindruck von den besonderen Gegebenheiten, die bei einer Stadtgründung eine Rolle spielen konnten. Manchmal waren das auch Träume oder spezielle Begegnungen mit Tieren oder die Geschichte einer Heilung.

Heiligenstadt im thüringischen Eichsfeld zum Beispiel wurde aus Dankbarkeit an einem heiligen Ort errichtet. In einer Stadtgründungslegende heißt es, dass ein Herzog an Lepra erkrankt war, und da er seinen sicheren Tod nicht in aller Ruhe in seinem Schloss erwarten wollte, zog er lieber mit seinen engsten Vertrauten durch die Wälder seines Reiches, um zu jagen. Eines Tages legte er sich müde und erschöpft auf eine Wiese zum Schlafen. Als er erwachte, bemerkte er voller Erstaunen, dass die Stellen seines Körpers, die mit dem Tau der Wiese in Berührung gekommen waren, wieder völlig gesund waren. Flugs zog er sich aus und benetzte seinen ganzen Körper mit dem Tau – und siehe da, er wurde wieder vollständig gesund. Er erkannte, dass er auf heiligem Boden lag. Aus Dankbarkeit ließ er an dieser Stelle eine Kirche erbauen, was damals einer Stadtgründung gleichkam. Der Name Heiligenstadt erinnert noch heute daran.

Bamberger Altstadt –
ein Platz zum Ausruhen

Die Mitte der Stadt wurde besonders gekennzeichnet. Von dort breitete sie sich aus. Oft war dort ein heiliger Ort, eine ganz besonders energetisch starke Stelle. Die Kräfte des Ortes wurden dann durch die Errichtung eines Pfahls genau dort fixiert und gebunden. Das geschah in Form einer Säule, eines Brunnens, eines Baumes. Durch die bereits erwähnte Pfählung der Schlangenkraft wurden die Kräfte der Sonne und der Erde zum genau passenden Zeitpunkt miteinander verknüpft. Damit wurde der Omphalos – wie dieser Energie- und Knotenpunkt genannt wurde – zum sichtbaren Symbol, an dem das Unsichtbare wirken konnte. Unterwelt, Mittelwelt und Oberwelt standen genau hier in direktem Kontakt. Das Himmlische und das Irdische gingen an dieser Stelle eine heilige Verbindung ein. Der Omphalos war damit auch der Nabel der Stadt, sämtliche Kraft wurde von dort verteilt. Die Straßen und Wege gingen häufig kreuzförmig von ihm aus, sodass sich die Energie über die ganze Stadt verteilen konnte. Durch die Straßen führte diese Energiewirkung sogar bis zur nächsten Stadt oder zu einem nahen Kultplatz. Die Lagen nahe des Mittelpunktes der Stadt waren demnach die beliebtesten, denn dort konzentrierten sich die positiven Kräfte am stärksten.

Marienerker – ein Schutzsymbol

Omphalos-Qualität in Domnähe

Je weiter entfernt vom Omphalos, umso mehr ließ die Kraft nach. Doch wie im Großen, so im Kleinen:

»Jede Behausung war als Zentrum der Welt gemeint, jeder Altar, jede Zeltstange war das Durchbrechen der Ebene und damit die Auffahrt zum Himmel hin«, heißt es in Harald Jordans Klassiker »Räume der Kraft schaffen«.

Der Zustand des Omphalos war von hoher Bedeutung, denn davon hing der Zustand der gesamten Stadt ab. Daher wurde der Omphalos genährt und geschützt. In Kriegen war er auch das vorrangige Ziel der Gegner, die wussten: Wer den Omphalos hat, hat die Gewalt und Macht. Ein zerstörter Omphalos bedeutete, dass die ganze Stadt und das Land drum herum einer empfindlichen Schwächung ausgesetzt waren.

In heutigen Städten spielt die Mitte bzw. der Omphalos kaum noch eine Rolle. Je größer die Stadt, umso ungenauer ist eine Mitte überhaupt noch feststellbar. Meist ist es der alte Marktplatz, der die Mitte beherbergt und von wo aus die Stadtentwicklung ehemals ihren Ausgang nahm. Dort lagen dann weltliche (Rathaus) und geistige Macht (Kirche) eng nebeneinander, was energetisch auch sehr sinnvoll ist. In einigen Fällen wurde die Kirche auch auf dem ehemaligen Omphalos erbaut. Städte ohne Omphalos, ohne erkennbare Mitte, geben keinen Halt, bieten keine Orientierung, keine Identität. Die Zerstörung des Omphalos durch städteplanerische Sünden (meist aus purer Unkenntnis) bewirkt jedoch die Destabilisierung der geomantischen Kräfte der Stadt. Es wäre aus Sicht der Geomantie – und für die Prosperität einer Stadt auch – sehr wünschenswert, wenn der ursprüngliche Omphalos wieder aufgespürt und als Mittelpunkt wiederhergestellt würde. Alte Brunnen, die auf einen Omphalos zurückgehen, sollten auf jeden Fall frisches Wasser führen, um die Energie in der Stadt zu beleben. So, wie es Menschen gut geht, wenn sie ihre eigene Mitte gefunden haben und dort ruhen, ist es auch für eine Stadt von großem Belang, ihre Mitte (wieder) zu finden und als Ruhe- und Angelpunkt zu etablieren.

Wenn wir heute von Stadtvierteln sprechen, so ist uns wohl kaum bewusst, dass früher eine Stadt tatsächlich viergeteilt wurde – analog zu den Himmelsrichtungen Nord, Süd, Ost und West. Zentrum und Bezugspunkt der Viertel war der Omphalos. Dies war auch die Mitte des Achsenkreuzes der Vierteilung in die vier Himmelsrichtungen und damit Symbol der Vereinigung der Polaritäten und wiederum der Vereinigung von Himmel und Erde.

Den vier Stadtvierteln wurden analog zu den Bedeutungen der Himmelsrichtungen spezielle Aufgaben und Funktionen zugewiesen. Im Norden wurde zum Beispiel Gericht und Regierungsstelle angesiedelt, im Süden lagen der Tempel, die Militärkaserne und die Hauptwohngebiete. Diese bewusste Strukturierung der Städte wurde besonders stark von den Römern angewandt. Wichtige römische Bauten sind in ihrer Lage präzise auf die energetischen Strukturen der Erde ausgerichtet. Dies hatte bei den Römern jedoch keine sakrale Bedeutung, sondern diente vielmehr dazu, das Machtgefüge zu kontrollieren. Damit ist dies ein erstes Beispiel, wie das Wissen der Geomantie auch missbraucht werden konnte und wurde.

Jeder Ort hat seinen »Genius Loci«, seinen
Geist. Dieser beschreibt die immer ganz
besondere Schwingung und den unverwech-
selbaren Charakter des Ortes oder der Stadt.
Damit sind Merkmale gemeint, die über die
Wahrnehmung, die mit unseren fünf Sinnen
möglich ist, hinausgehen. Es sind die feinstofflichen Qualitäten eines Ortes, die auch
mit von der Struktur und Gestaltung des
jeweiligen Ortes abhängen. So schrieb schon
der englische Schriftsteller D. H. Lawrence:

»Verschiedene Orte auf der Erde haben
verschiedene Ausstrahlungen, verschiedene
Schwingungen, verschiedene chemische
Ausdünstungen, verschiedene Polaritäten
mit verschiedenen Sternen – nennt es, wie
ihr wollt. Dass Orte ihren Geist haben, ist
jedenfalls Realität.«

Früher hatte sogar jeder Ort seine eigene
Zeit, und zwar genau nach dem speziellen
Sonnenstand berechnet. Wenn die Sonne im
Osten stand, war es zum Beispiel sechs Uhr
morgens.

Die Verbindung zwischen Landschaft und
Stadt ist auch über die Baumaterialien gegeben. Auch der Gebäudestil ist dem Land-
schaftstyp angepasst und mit ihm verbunden.
Die Bauweise passte wiederum zu den natur-
räumlichen Gegebenheiten. Somit zeichnete
sich jede Gegend durch ihren ganz eigenen
Baustil aus. Häuser in Bayern sehen anders
aus als Häuser in Schleswig-Holstein, Meck-
lenburg oder im Sauerland.

All dies löst sich heute weitgehend auf. Neue
Häuser orientieren sich nicht mehr an regio-
nalen Gegebenheiten, sondern sind eher an
modischen Baustilen ausgerichtet. Häuser
von der Stange schießen wie Pilze aus dem
Boden. Der mediterrane Wohnstil findet zu-
nehmend Anhänger im hohen Norden, wo
er dennoch deplatziert aussieht, aber immer
häufiger wird. Die Fähigkeit, feinstoffliche
Strukturen des Ortes zu erfassen und baulich
umzusetzen, ist weitgehend verloren gegangen, beobachtet Petra Gehringer. So gerät
auch die Eigenart des Ortes selbst immer
mehr in Vergessenheit. Die natürlichen
Energiemuster des Ortes, der Stadt werden
zudem durch technische Einrichtungen wie
Sendeanlagen (Mobilfunk-, Fernsehtürme etc.)
und Strommasten verändert und gestört.

In Großstädten ist von der umgebenden Landschaft, von der Erde, auf der sie erbaut wurde, im Normalfall nicht mehr viel zu spüren. Das Gesicht vieler Großstädte unterscheidet sich kaum. Große Verkehrsadern durchschneiden ihre natürlichen Energieströme. Lärm und ständige Reizüberflutung machen ihre Bewohner taub für subtile Eindrücke. Diese sensorische Deprivation macht sich in einem diffusen Unwohlsein bemerkbar. Und doch gibt es auch in Großstädten Orte, die den Zugang zu den höheren Sphären noch zulassen.

Das sind im Besonderen:

– alte Kathedralen, Kirchen, Klosteranlagen
– alte Friedhöfe
– Marktplätze
– Parks und Grünanlagen (besonders wenn sie alt sind und womöglich ein Wasser sie durchfließt)
– Flüsse und Bachläufe
– Quellen (wie in Paderborn)
– alte, große, mächtige Bäume
– besondere Gebäude

Wasserläufe – Orte der Regeneration

Naturnah gestalteter Innenhof

*Runder Torbogen –
sanfter Übergang
zwischen innen und außen*

Der Cäcilienhof

In Städten formt hauptsächlich die Architektur den Genius Loci. Straßenzüge in bestimmten Stilepochen (Barock, Renaissance, Klassizismus) vermitteln ihre eigene Atmosphäre und Kraft.

Städte, die noch die ursprünglichen gewachsenen Strkturen aufweisen, haben eine ganz andere Ausstrahlung und aufbauende Kraft als Städte, in denen im Zweiten Weltkrieg viel zerstört und dann in der Nachkriegszeit sehr schnell und oft fast provisorisch aufgebaut wurde. Dort ist der Genius Loci kaum noch zu spüren. Sein Fehlen zeigt sich in der mangelnden Identität und einer um sich greifenden Entwurzelung.

Aufgabe der Architektur der Zukunft wird es daher sein, eine Annäherung an den ursprünglichen Genius Loci wieder zu ermöglichen. Dazu müssen die grundlegenden Energien wieder erspürt und genährt werden. Eine solchermaßen betriebene Stadtentwicklung wäre segensreich für alle Bewohner und auch alle gewerblichen Aktivitäten. In asiatischen Metropolen werden die Feng-Shui-Meister (Feng-Shui ist die östliche Ausprägung der Geomantie) in Planungen einbezogen und Grundstücke, die von materiellen Gesichtspunkten gleichwertig sind, unterscheiden sich häufig sehr deutlich vom Preis aufgrund ihrer energetischen Grundschwingung und Lage. Dieses Bewusstsein muss bei uns im Westen erst wiederbelebt werden.

BERLIN (Element Luft)

Unsere Hauptstadt ist eine zutiefst verletzte Stadt. Ihre wechselhafte Geschichte steckt ihr bis heute in den Gliedern und Zerstörung und Trennung sind noch lange nicht geheilt. Zwar wird im Außen gebaut und neu errichtet, Spuren der Vergangenheit werden beseitigt, aber energetisch liegt noch vieles im Argen. Dies ist deshalb so tragisch, weil die Energie der Hauptstadt sich auf das gesamte Land erstreckt. Hier wird das Gemeinwesen eines ganzen Staates verwaltet und werden alle wichtigen politischen Entscheidungen getroffen. Vieles, was unter dem Mäntelchen der übersteigerten Aktivität erste Früchte ansetzt, erweist sich als nicht wirklich dauerhaft und nachhaltig. Erst wenn die Stadt von Grund auf wieder geheilt ist, kann auch das Land als Ganzes die Trennung im Herzen der Menschen überwinden und kann echte Prosperität entstehen. Es gibt in Berlin einige

Stadtheilungsgruppen, die wertvolle Arbeit leisten. Das sind jedoch meist alles Unternehmungen, die im Verborgenen und Stillen wirken. Das mag in der Vergangenheit auch notwendig gewesen sein, ich denke jedoch, es ist jetzt an der Zeit, dies öffentlich anzuerkennen und zu fördern.

Um ein Gespür für die energetische Struktur der Stadt zu bekommen, habe ich mich mit einem Medium – der Künstlerin Casmina Sera – getroffen. Ihre Durchsagen habe ich mit meiner Wahrnehmung vor Ort überprüft und aus dieser Synthese sind die folgenden Beobachtungen und Einschätzungen über Berlin zu verstehen.

Viele Energiepunkte der Stadt sind derzeit verschlossen und können ihre aktivierende Wirkung nicht zum Wohle über die Stadt ergießen. Da ist zunächst einmal die Spreeinsel, die ihre Verbindung zur Erde verloren hat und auch auf ein verletztes Mutterfeld hinweist. Es hat dort in der Vergangenheit Heilungsinitiativen gegeben und diese haben auch positive Auswirkungen gehabt, allerdings ist das Feld noch nicht vollständig geklärt. Eine große sichtbare Wunde ist die Abrissbaustelle des Palastes der Republik.

Dies ist einer der geomantisch wichtigsten Punkte der Stadt. Früher stand hier das Stadtschloss, direkt nebenan der Dom. Beide zusammen bildeten das weltliche und geistig-spirituelle Herzstück der Stadt. Diese Herzenergie ist nun in ihrem Kern verletzt. Das Liebesfeld der Stadt ist zerstört. Und das seit Langem, schon in der Nazizeit lag hier eine Störung und es konnte auch nur so viel Zerstörung von dieser Stadt ausgehen, weil dieses Liebesfeld so tief verletzt war. Die fehlende Bindung zur Mutter – aber auch eine fehlende positive Vaterenergie – schlägt sich im Leben der Berliner nieder. In keiner anderen Großstadt Deutschlands gibt es so viele Singles wie in Berlin. Das Feld der Liebe in Berlin muss wieder aufgebaut werden und jedes Liebespaar, das sich körperlich, geistig und spirituell miteinander verbindet, trägt zur Heilung der Stadt bei.

Eine weitere Heilungsmöglichkeit, die von Casmina Sera gechannelt wurde, ist die Heilung durch Töne (sie wusste nicht, dass ich mit Tönen arbeite). Sie meinte, dass die Liebe über Gesang geöffnet werden könne. Gerade am Palast der Republik wäre dies geradezu eine Notwendigkeit. Es müssten sich mindestens 120 Menschen zusammenfinden, um

Berlin – Großbaustelle
auf energetischer und
physischer Ebene

»Palast der Republik« –
Abrissbaustelle

einen heilenden Klangteppich zu erzeugen. Angeleitet werden sollte dies nach Möglichkeit von einem Mann, denn die männliche Liebeskraft sei am tiefsten verletzt. Auf diese Weise könnten sich Schöpfungskraft und Liebe wieder verbinden und miteinander verschmelzen. Das hätte dann nicht nur Auswirkungen auf Berlin, sondern auf die gesamte Republik, ja sogar auf die ganze Welt.

Positiv in Berlin ist die hoch schwingende Energie, die auch auf den Quarzsand, auf dem die Stadt steht, zurückzuführen ist. Quarze ermöglichen einen schnellen Zugang in höhere Sphären. Das ist etwas, was ich immer wieder in Berlin gespürt habe. Sobald ich dort ankomme, erfüllt mich fast augenblicklich ein besonderes Gefühl der Lebendigkeit und prickelnde Energie durchfließt mich.

Der Dom – Zentrum der Berliner Herzensenergie

Kuppel des Doms

Eingangsportal des Doms

Berlin ist in diesem Sinne auch ein wenig eine Champagnerstadt und mit dieser luftigen Leichtigkeit hat sie selbst Schwerstes überstanden und es den Menschen, die dort leben, immer wieder ermöglicht, nicht aufzugeben, sondern weiterzugehen. Es wäre gut, wenn dies im Bewusstsein der Menschen ankommt und die alten Stätten der Kraft wiederbelebt werden.

Der Dom ist ein solcher starker Platz, der bereits wieder lebt und seine Energie ausstrahlt. Unter seiner runden Kuppel befinden sich reinste und feinste Energiemuster. Ein zutiefst heiliger und heilender Ort. Als ich dort war, fand gerade eine Friedensandacht statt. Über alle nationalen Grenzen hinweg wurde für den Frieden und die Liebe gebetet. »Selig sind die, die reinen Herzens sind.« Es wurde daran erinnert, dass wir nicht die Machtspiele mitmachen, sondern den Geist der Liebe für alle Menschen leben sollten!

Und dann die Krypta, wo zahlreiche gekrönte Häupter Deutschlands ihre letzte Ruhestätte haben! Selten habe ich so geballte Energie gespürt. Beim Eintritt in die Krypta war mir, als würde ich eine Schwelle überschreiten, das war deutlich wahrzunehmen. Darin dann eine ungeheure Kraft und gebündelte Macht. Allerdings müssten da unten die lichtvollen Kräfte noch etwas unterstützt werden.

Die Plätze vor dem Dom und auf der gegen-überliegenden Straßenseite haben ein großes Potenzial, Orte der Heilung zu sein. Sie sind es bereits, können aber noch stärker werden. Die Feste der internationalen Freundschaft, die dort gefeiert werden, unterstützen die Lebendigkeit und auch die Liebeskraft der Plätze stark. Bei solchen Feiern ergießt sich eine wahre Lichtsäule vom Himmel und berührt die Seelen der Menschen.

Engel in der Krypta

Ein sehr starker Heilraum ist auch der
Gebetsraum an der Gedächtniskirche.
Vergebung und Güte, Liebe und Tröstung
sind dort unmittelbar erfahrbar. Selbst
wenn Touristenströme durch den Raum
ziehen, ist es trotzdem möglich, in eine tiefe
Meditation zu gelangen. Wenn das geschieht,
hat dies unmittelbar auch Auswirkungen auf
die anderen Menschen im Raum, habe ich
bemerkt. Der Raum wird ruhiger und die
Touristenströme bleiben hinten in der Kirche.

Gebetsraum der Gedächtniskirche

*Der Tiergarten –
die »grüne Lunge« Berlins*

*Der Engel auf der Siegessäule –
behütend und kräftigend*

Die Seele wieder aufladen in Berlin, das klappt sehr schön im Tiergarten. Dort durchfließen kleine Bachläufe die grüne Lunge der Stadt. Aber auch weise Bäume, lichtvolle Wiesen und liebreizende Baumgruppen laden dazu ein, sich mit der Natur zu verbinden und Kontakt zu Mutter Erde aufzunehmen. Gerade für Menschen, die nicht gut geerdet sind, ist der Tiergarten eine wahre energetische Tankstelle. Und all das völlig umsonst!

Suchen Sie sich Ihre eigenen heilenden Stellen. Für die Heilung von irdischer Liebe, auch von Liebeskummer, ist dies ein guter Ort. Dort können wir auch um Klärung in der eigenen Liebesbeziehung bitten, darum, dass sich die Liebe für das Licht öffnet. Und wir

können von dort aus (aber das geht im Prinzip von überall her) besonders gut den Partner in ein Liebeslicht hüllen. Mental, versteht sich. Aber auch ganz konkret wäre es eine wunderbare Idee, im Tiergarten Feste der Liebe zu feiern, mit passenden Ritualen für die Heilung der Stadt und ihrer Menschen und Beziehungen.

Die Siegessäule ist ein weiterer wichtiger Energiepunkt in Berlin. Umrandet vom brandenden Verkehr, der sternförmig die Energie ein- und ausfließen lässt, sammelt sich in der Mitte ein Konglomerat an Energie. Steigt man die Treppen bis zur oberen Plattform hoch, wird die Energie immer feiner. Oben

Der Gendarmenmarkt –
Ort der Lebensfreude

Der Alex –
Himmelsantenne der Marienkirche

angekommen, wird man mit der Aussicht auf die Stadt von diesem besonderen Punkt belohnt. Die Siegessäule hat Bergcharakter mitten in der Stadt. Die Anbindung nach oben ist dort leichter als mitten in der Steinwüste. Über allem thront ein goldener Engel und ohne Worte lässt er uns in der Gewissheit, dass die höheren Mächte immer ihre schützende Hand über die Stadt und ihre Menschen halten werden.

Übrigens wurde die Siegessäule unter der Regie von Albert Speer – dem Staatsarchitekten des Dritten Reiches – verrückt: vom Platz der Republik zum jetzigen Standort am Stern. Auch dies war eine Aktion, die machtpolitisch begründet war.

Positive Ausstrahlungen können gespürt werden am Gendarmenmarkt mit seinen schönen Bäumen an den Rändern sowie rund um die Nikolaikirche und die Marienkirche am Alexanderplatz. Deren liebevolle Ausstrahlung wird – so habe ich es gefühlt – vom Alex, dem Fernsehturm, aufgenommen und verstärkt. Auf diese Weise ist der Alex eine Art moderne Jakobsleiter, die in beide Richtungen funktioniert. Von oben ergießt sich der himmlische Segen in die Marienkirche und umgekehrt werden die Bitten und Gebete der Menschen aus der Kirche über den Alex als Himmelsleiter nach oben »durchgereicht«. Vielleicht hatte diese Stelle sogar eine spezielle Bedeutung bei der Öffnung der Mauer.

BOTTROP (Element Feuer)

Als ich anfing, dieses Buch zu planen, hatte ich nicht die geringste Ahnung, dass mich meine Reise durch Deutschland auch in meine Heimatstadt Bottrop führen würde, der ich nach dem Abitur den Rücken gekehrt hatte. Doch so war es. Vielleicht hat es damit zu tun, dass Wurzeln wichtiger sind, als ich, in einem Luftzeichen Geborene, zunächst angenommen hatte. Mit dem Image von Bottrop war es lange Zeit nicht ganz so weit her. Eine der tristen Bergbaustädte im Ruhrgebiet eben. In meiner Kindheit »schneite« es tatsächlich Rußflocken, wenn ich von der Schule nach Hause lief. Und auf den Fensterbänken lagen dichte schwarze Schichten. An manchen Tagen hing der Geruch des Rauchs schwer über der Stadt und trotzdem liebte ich diese Tage und diesen Geruch. Er war für mich anheimelnd und vertraut. Und es lag ein bestimmtes Versprechen in der Luft, wenn es so roch. Vielleicht war es das Versprechen, dass alles sich ewiglich wandelt. Das Versprechen des Feuers. Und gewandelt hat sich die Stadt, seit ich sie verlassen habe, tatsächlich. Ruß regnet es dort schon lange nicht mehr, stattdessen sind auf den alten Kohlehalden ganz neue Dinge entstanden.

Als ich zur Recherche im Internet unter dem Stichwort »Geomantie« mich inspirieren lassen wollte, fand ich einen Eintrag, den ich kaum glauben konnte: »Bottrop – Stadt der Pyramiden« hieß es da. Klaus Piontzik, Mathematiker und geomantisch interessiert, hat seine (und meine) Heimatstadt unter völlig neuen Perspektiven betrachtet. Er fand zum Beispiel interessante Verbindungslinien zwischen dem Torbogen am Eingang des alten Stadtgartens und der Großen Pyramide von Gizeh in Ägypten. Der Rathausturm erscheint ihm wie ein Obelisk. Und da ein Obelisk den Kern einer Pyramide bildet, hat er mal die Kantenlänge des Turms verlängert und kommt so doch tatsächlich auf eine lupenreine Pyramide.

Eine weitere Pyramide befindet sich im Gesundheitspark am Quellenbusch, der nach geomantischen Gesichtspunkten angelegt wurde und einen Spiralplatz aufweist.

Na, und dann gibt es noch den inzwischen berühmten Tetraeder auf der Halde an der Beckstraße. Diese riesige Stahlkonstruktion mit einer Seitenlänge von 60 Metern, einer Höhe von 50 Metern und einem Gesamtgewicht von 210 Tonnen steht auf dem Gipfel

Torbogen
am Bottroper Stadtgarten

der 96 Meter hohen Kohlenhalde und wird bei Nacht sogar beleuchtet, sodass sie von weit her zu sehen ist. Erbaut 1995 im Zuge der Internationalen Bauausstellung (IBA) Emscher Park von Wolfgang Christ (Architekt) und Jürgen Fischer (Lichtinstallation) als Großlandmarke, machte der Tetraeder schon bald von sich reden, nicht nur, weil er damals die größte reine Stahlkonstruktion der Welt war. Der Tetraeder (die Form ist energetisch mit dem Element Feuer verbunden!) steht auf den Resten des Bergbaus. Es sind die Schlacken von der Kohleverarbeitung, die sich im Ruhrgebiet zu neuen Bergen hochtürmen. Schlacken sind die Stoffe aus

dem tiefen Innern der Erde, die sich einer Weiterverarbeitung entzogen haben. Hier liegen die Innereien von Mutter Erde aufgetürmt und von weit her sichtbar.

Durch die Halden sind im Flachland von Menschenhand geschaffene künstliche Berge entstanden. Sie wurden begrünt bzw. haben sich selbst begrünt – und stehen jetzt als Naherholungsgebiete zur Verfügung.

Ein Tetraeder ist eine Pyramide, die von jeder Seite anders aussieht. Die Fraktale ändern sich je nach Blickrichtung. Der Tetraeder auf der Haldenspitze steht in einem Steinfeld wie in einem Krater. Es ist eine Mondlandschaft:

*Tetraeder auf einer
alten Bottroper Halde*

*Geometrische Formen –
Wirkung ohne Worte*

karg, nüchtern, im Sommer glühend und
unbarmherzig der Sonne ausgeliefert. Schatten gibt es da oben nicht, aber häufiger weht
ein frischer Wind bis in die Mulde des künstlichen Kraters.

Neben dem Tetraeder hat der Bottroper Fred
Fischer mit den vorhandenen Steinen und
denen, die er selbst hinauftrug, riesige Stein-
bilder von Aliens entworfen. Erst als der Pres-
sesprecher der Stadt, Andreas Pläsken, eines
Morgens von einer Anfrage des WDR – »Wir
haben gehört, dass auf der Tetraeder-Halde
Außerirdische gelandet sind, was wissen Sie
davon?« – aufgeschreckt wurde und kurz darauf Hubschrauber von RTL die Halde um-
kreisten, begann die Auseinandersetzung mit
den gestalteten Figuren dort oben.

Erst hieß es: »Weg damit«, dann aber setzte sich auch die Bevölkerung dafür ein und die Stadt Bottrop beförderte salomonisch Fred Fischer zum Wächter des Steinreliefs.

Wer dort oben hinaufkommt, ist zunächst völlig erschlagen von der schier gigantischen Dimension des Tetraeders. Assoziationen an unwirtliche Alllandschaften werden wach. Alles ist irgendwie unwirklich – wie auf einem anderen – weit entfernten – Planeten. Der Tetraeder scheint wie ein überdimensionales Raumschiff. Sehr männlich, klar und wie eine riesige Antenne ins All ausgerichtet.

Der Tetraeder ist sogar begehbar – und das ist ein Abenteuer und verlangt Mut. Die Stufen sind aus Stahlgitter und daher blickt man hindurch bis auf den Boden. Je höher hinaus, umso größer die Herausforderung, weiterzusteigen. Es gab schon zahlreiche gestandene Mannsbilder, die bereits beim ersten Plateau der Mut verließ und kehrtmachten. Oben angekommen, ist die Aussicht auf die Stadt mit Kirchtürmen und direkt gegenüber noch immer rauchenden Schloten berauschend. Ist es windig, so wiegt sich die gesamte Stahlkonstruktion in sich. Kann es, wird es halten? Es hält!

Die Landschaftsarchitektin und Geomantin Sabine Sagel sieht den Aspekt der Transformation:

»Der Mensch hat sich den Schlacken, den Dingen, die er zunächst so ganz lieblos aufgehäuft hat, zugewandt und hat dann eine Transformation eingeleitet.«

Durch die Aufmerksamkeit zum Ort hat sich der Blick gewandelt. Bottrop hat mit dem Tetraeder eine neue Mitte erhalten. Einen Omphalos, der auf der Vergangenheit aufbaut und jetzt in die gewandelte Zukunft weist. Der Tetraeder steht damit für das Neue, das geistige Element, das aus der Kohle hervorgegangen ist. Denn die Kohle ist durch einen Prozess der Verfestigung entstanden, durch die Zuführung des Feuers wurde die Kohle gereinigt. Die übrig gebliebenen Schlacken erinnern auch an den Aspekt der schwarzen Göttin, die Zerstörende. Doch nur durch den Tod des einen kann das Neue in gewandelter Form auferstehen. Das Feste hat sich durch die glühende Kraft des Feuers vergeistigt. Das Ruhrgebiet befindet sich im Prozess einer Umwandlung. Ein düsteres Industriegebiet ist dabei, sich zu wandeln.

BESONDERE ORTE

Es gibt Orte, die jenseits aller Kategorisierungen stehen. Dazu gehören zum Beispiel Ruinen und auch Labyrinthe. Es sind Orte, die immer, egal wo sie stehen und welche Geschichte sie auch haben mögen, Grenzorte sind. Plätze, an denen sich die Dimensionen berühren und teilweise auch überschneiden. Hier sind dann auch Grenzerfahrungen besonders leicht möglich.

Es sind Orte, die zwar gemacht wurden, aber gleichzeitig immer auch Zeugnis ablegen vom Ungeplanten und Unmachbaren. Davon, dass der Lauf der Welt stets voller Überraschungen und auch Wunder ist.

Klosterruine Disibodenberg –
Hildegard v. Bingens erstes Kloster

DISIBODENBERG (Element Äther)

Die Ruine des Klosters, in dem Hildegard von Bingen Klosterschülerin war, ist erfüllt mit himmlischen Ätherkräften. Wir waren früh am Morgen dort und konnten immerhin eine halbe Stunde lang dort allein die friedliche Stille genießen. Im ehemaligen Kirchenschiff hat die Natur das Terrain wiedererobert und heiligt den Ort. Es ist so eine ätherische Kathedrale der kosmischen Liebeskraft entstanden. Mir war so, als wären Hildegards Geist und ihre Seele noch immer dort anwesend. Sie nahm mich dort in den Arm und gab mir Kraft für alles Kommende, für die Erfüllung meiner Lebensaufgabe. Sie bringt die Kraft der Vergebung und Versöhnung, heilt seelische Wunden und wandelt sie in Edelsteine um.

»Darum preisen dich alle Geschöpfe, die leben aus dir, denn du bist die kostbare Salbe für die gebrochenen Glieder und eiternden Wunden, die du verwandelst in kostbare Gemmen.«

Hildegard v. Bingen

Dort, auf einem Steinblock zu sitzen und die Zeit zu vergessen – das war für mich die Insel der Friedfertigkeit. Von ferne drang Glockenläuten an mein Ohr wie aus einer anderen Welt. Eine Biene kam und setzte sich

auf meinen linken Oberarm. Auch sie ganz friedlich und ich ließ sie in großem Vertrauen sitzen.

Die Biene zählt zu den heiligen Tieren der Anderswelt und spielt auch bei der Einweihung in die Kräfte der Sonne eine Rolle.

»Erreicht die Biene den Menschen, so erinnert sie ihn an den Plan und den Auftrag, nach dem er angetreten ist. (...) Die Biene kann die Stricke und Fäden alter Verbindun-

Der alte Altar des Klosters

gen lösen, das Energiefeld klären, sodass Neues entstehen kann. Sie gilt als Botentier der Göttin«, schreibt Jeanne Ruland.

Des Weiteren wird die Biene mit dem Feenreich und der weißen Göttin in Verbindung gebracht. Im alten Ägypten repräsentierte sie die Seele, die Sonne und die Tränen von Re. Im Hinduismus wird Shiva durch eine Biene und ein Dreieck symbolisiert. Bienen werden auch mit der Bogensehne des Liebesgottes Kama verbunden. Honig ist die Speise der Götter und gilt als Aphrodisiakum.

Einer der Seitenaltäre der alten St.-Nikolaus-Kirche, in deren Resten ich saß, war übrigens zur Ehren der Maria Magdalena gewidmet. Mir wurde klar, dass wir in eine viel größere Liebeskraft eingehüllt sind, als wir es uns überhaupt vorstellen können. Diese Liebeskraft umschließt alles. Auch das Kranke und zu Erneuernde. Eine Libelle mit türkis leuchtendem Körper und blauen, transparenten Flügeln umschwirrt mich. Und kurz darauf kommt noch eine zweite dazu. Ich befinde mich in einem leicht entrückten Zustand, aus dem mich erst eine ankommende Besuchergruppe entreißt.

Klosterrelief mit Betonung des zweiten Chakras

*Selbst gelegtes Labyrinth
nahe der Externsteine*

*Wiesenlabyrinth im Garten
des Klosters Schlehdorf (Obb.)*

Ein wenig abseits liegt ein schönes aus Steinen gestaltetes Labyrinth. Labyrinthe sind Sinnbilder des verschlungenen Lebensweges, sind ein matriarchalisches Symbol und in fast allen Kulturen zu finden. Man hat sie gefunden im alten Ägypten, in Griechenland (Kreta!), in Indien, bei nordamerikanischen Indianern, in England, Irland, Skandinavien und natürlich auch in Deutschland. Die Kraft in einem Labyrinth nimmt von Windung zu Windung zu, kurz vor dem Erreichen der Mitte jedoch

fällt die Energie wie in einem schwarzen Loch in die Tiefe (so ist auch die Stunde vor dem Morgengrauen die schwärzeste). In der Mitte belohnt dann das Energiehoch.

»Ein Labyrinth ist wie ein Mandala ein Ordnungsprinzip, damit die Macht des Unbewussten die Seele nicht überflutet. (. . .) Es verbindet Ort, Zeit, Körpergeschehen im Ort und in der Zeit, Bewusstsein des Geschehens, Ritual, Energiefelder«, schreibt Harald Jordan.

Auf unserer Reise habe ich mehrere Labyrinthe durchlaufen und jedes Mal war es ein tief innerlich bewegendes Geschehen. Der Weg führt in endlos erscheinenden Kreisen zum Mittelpunkt. Oft meint man, dass man sich weiter vom Ziel entfernt. Mal scheint es schon zum Greifen nahe, aber dann nimmt der Weg wieder eine unerwartete neue Biegung und das Ziel – die Mitte – entfernt sich wieder. Doch heißt es dann: immer im Vertrauen weiterschreiten.

»Es ist der Weg, der zählt, nicht die Suche, die Reise ist wichtiger als das Ziel«, erklärte mir Harald Jordan.

Auch wenn man sich irgendwann gar nicht mehr vorstellen kann, überhaupt einmal anzukommen. Es bleibt einem nur, sich dem Prozess einfach hinzugeben. Das Denken auszuschalten. Weiterzuschreiten in Geduld und Vertrauen. Und dann – eher plötzlich – ist man in der Mitte angekommen. Der Weg zurück zum Ausgangspunkt ist ebenfalls einer mit vielen Windungen und braucht genauso viel Geduld! Kommt man an den Ursprung zurück, so ist man dieselbe und doch eine andere.

»Gott hat den Menschen nach dem Vorbild des Firmaments geformt und seine Kraft mit der Macht der Elemente gestärkt; er hat die Weltkräfte fest in das Innere des Menschen eingefügt, sodass der Mensch sie beim Atem einzieht und ausstößt, wie die Sonne, die die Erde erleuchtet, ihre Strahlen aussendet und sie wieder an sich zieht.«

Hildegard v. Bingen

Labyrinth in Gstadt am Chiemsee

Caduceus Klinik in
Bad Beversen

Gibt es einen besseren Ort für eine Klinik
als einen Seelenplatz? Insbesondere für eine
psychosomatische? Im Prinzip liegt es nahe.
In klassischen Griechenland gab es spezielle
Heiltempel, die natürlich an besonderen
Orten lagen. In der heutigen westlichen Welt
spielt die Lage einer Klinik unter normalen
Umständen keine Rolle. Wenn es besonders
gut läuft, wird wenigstens bei der Gestaltung
der Innenräume auf harmonikale Prinzipien
Wert gelegt, aber selbst dies ist nicht die
Norm. Umso schöner, wenn es doch auch
Ausnahmen gibt. Die Caduceus Klinik in
Bad Beversen ist so eine Ausnahme.

Auch in diesem Fall war es der Zufall in Form
von Claudias Schwester Iria, die dort nämlich
arbeitet und uns erzählte, dass ihr Chef,
Peter Findeisen, immer sagt, die Klinik läge
auf einem Kraftplatz. Neugierig geworden,
rief ich dort an und erfuhr, dass auf dem
Klinikgelände sogar ein Hügelgrab aus der
Bronzezeit sei und in unmittelbarer Nähe
Ausgrabungen auf eine Kultstätte hinweisen.
So stand für mich fest: Das will ich sehen und
spüren.

*Holzschrein mit kleinen
Opfergaben der Patienten*

Schon als ich aus dem Auto steige, bemerke ich ein leichtes Kribbeln im Bauch. Ein lichtes Kiefernwäldchen umgibt das Klinikgelände und der leicht geschwungene ansteigende Weg weckte in mir Erinnerungen an Nordkalifornien. Auch in der Gegend rund um Big Sur und das berühmte Esalen Institute sieht es ähnlich aus. Dies steht ebenfalls an der Stelle eines alten indianischen Kultplatzes.

Chefarzt Peter Findeisen hatte zehn Jahre lang nach einem besonderen Ort für sein Heilzentrum gesucht: Hier in Bad Beversen hat er es gefunden. Dass dieser Ort und er zusammengehörten, bemerkte er bereits beim ersten Besuch. Es war wie ein Verliebtheitsgefühl und es hielt monatelang an. Auch alle finanziellen Probleme wurden auf wundersame Weise gelöst. Das Heilfeld des Ortes gibt ihm für seine Arbeit immerwährend neue Kraft und auch die Patienten spüren die besondere Ortsenergie. Heilung kann an heiligen Orten offenbar besser und leichter, vielleicht auch schneller geschehen. Vielleicht können sich Menschen hier besser auf die eigenen Heilungskräfte besinnen, weil sie von außen mit einer Heilschwingung gespeist und genährt werden. Dann entsteht Offenheit, die eine wichtige Komponente von Heilung ist.

Schutzgeist, von einem Patient angefertigt

Beim Gang über das Klinikgelände und in der Klinik habe ich mein Bovismeter dabei. Dieses misst die ätherische Schwingungsstärke von Orten und Gegenständen. Auf der Skala stehen 6 500 Boviseinheiten für einen neutralen Wert. Alles darunter kann schwächend wirken, bei Werten darüber spricht man von stärkenden Feldern. In der Klinik konnte ich Werte zwischen 9 000 und 12 000 messen.

Teich auf mystischer Wiese

Bei einem kleinen Steinkreis im Kiefernwäldchen vor dem Klinikgebäude waren es sogar 14 000. Bei der Wiese am Teich sind es auch 12 000. Dies sind durchweg sehr hohe Werte. Zum Vergleich: Blanche Merz, die bekannte Geomantin, ermittelte in den frühen 80er-Jahren in der Kathedrale von Chartres Bovismeterwerte von 11 000, im Zentrum des Labyrinths 18 000. Und in den Tempeln in Tibet maß sie an den Eckpunkten des heiligen Zentrums, in dem meditiert wird, 14 000 – so wie in hinduistischen Tempeln. Nun gibt es Stimmen, die sagen, dass sich das Energiefeld der Erde in den letzten Jahren beständig verändert; dass die Schwingungsebene generell erhöht wird. Das bedeutet folgerichtig, dass auch an den besonderen Orten die Energie steigt und dass sie in den tibetischen Klöstern inzwischen auch nochmals erhöht sein dürfte.

Dann noch eine Besonderheit, die ich auch an anderen Orten festgestellt habe. Es gibt einen Punkt auf dem Hügelgrab, der einem Energieloch gleichkommt. Dort gibt es keinerlei Pendelausschlag. Dort herrscht die totale Stille. Es ist ein Ort, an dem man ganz und gar bei sich selbst sein kann, ein Kraftfeld, das die Konzentration auf sich selbst begünstigt und fördert.

WIE KÖNNEN SEELENPLÄTZE GEFUNDEN WERDEN?

Es gibt grundsätzlich zwei Methoden, die allerdings durchaus miteinander verknüpft werden können. Da ist zum einen die intuitive Methode. Die bietet sich besonders bei Orten an, an denen man viel Zeit hat und länger verweilt.

»Wer von einem Ort angezogen wird, sollte sich Zeit lassen, um sich seinem Schwingungsfeld zu öffnen. (...) So banal es klingen mag, man muss sich zunächst ›leeren‹, um erfüllt zu werden. Erst in der Stille kann das innere Ohr das Geflüster der Zellen vernehmen, über welche alle Lebewesen innig miteinander verbunden sind«, meint Pier Hänni.

Eine »Methode«, die ich auch in mir völlig fremden Städten anwende, ist diese: Ich lasse mich ziehen. Das heißt, ich mache mir keinen Plan, was ich wann sehen will und in welcher Reihenfolge, sondern ich lasse mich von meinen Füßen leiten. Hin und wieder taucht die Frage auf: Rechts, links oder geradeaus, und ich entscheide dann spontan »aus dem Bauch« und stelle mich deswegen auch nicht selbst zur Rede. Ich akzeptiere einfach, was mir mein Gefühl sagt, und folge. Auf diese Weise bin ich schon den besten Plätzen begegnet. Es ist für mich so ein befreiendes Gefühl, von meinem inneren Führer geleitet zu werden. In sehr großen Städten klappt das nicht ganz so einfach, weil dort ja zu Fuß längst nicht alles zu erreichen ist. Dann schaue ich mir vorher die Karte an und entscheide, wo es mich hinzieht. Dort angekommen, wende ich dann die »Streunermethode« an.

Mein Sohn erzählte mir kürzlich, dass er und seine Freunde auf der Klassenfahrt diese Methode sogar in U-Bahnhöfen in Berlin angewandt haben. Sie entschieden immer ganz spontan, wo sie aussteigen wollten, und haben sich dann da umgesehen. Dann ab in die nächste U-Bahn oder den Bus und weiter ging es. Er fand das »chillig«. Ein völlig freies Besichtigungsprogramm mit vielen Überraschungen. Organisch wie das Leben. Experimentieren Sie einfach ein wenig, um herauszufinden, was für Sie am besten funktioniert. Jede(r) entwickelt mit der Zeit seine ganz eigene, passende Methode.

Sich führen zu lassen ist auch im Leben eine gute Idee. Das Credo unserer Leistungsgesellschaft lautet ja in diversen Abwandlungen, immer alles ganz genau zu planen, sich Zeitrahmen aufzustellen und alles nach Maßgabe zu kontrollieren. Das hat unser Leben arm gemacht. Vielleicht mag es in beruflichen Zusammenhängen manchmal nicht anders gehen, aber wir sollten diese Denkweise nicht auf unser inneres und privates Leben übertragen. Wenn wir die Erde und unser Leben hier als Initiationsübung begreifen lernen, so führt uns unser inneres Wissen immer unfehlbar zu den Orten, Menschen und Ereignissen, die in diesem Moment passend und wichtig für unsere Entwicklung sind.

Eine andere Methode – die ich auch anwende – ist die aufmerksame Erkundung der Ortsnamen. Denn die erzählen oft eine Geschichte. Orte, die Heidendom, Heiligenstadt, Heiliggeist, Teufelswand, Hexenplatz oder ähnlich heißen, heißen nicht zufällig so. Wobei die negative Assoziation bei den Begriffen von Teufel, Hexe und Co. nicht ernst zu nehmen ist. Das sind ganz einfach besonders starke Plätze, die in der vorchristlichen Zeit Orte mit Kultcharakter waren und von der Kirche dann zur Abschreckung mit negativen Namen überfrachtet wurden. So sollten die Menschen davon abgehalten werden, sich dort aufzuhalten und weiter ihre »heidnischen« Rituale zu feiern. Angst wurde schon immer gern eingesetzt, um Menschen das eigene Denken und Spüren zu erschweren. Das wird – in anderen Zusammenhängen – auch heute noch viel genutzt.

»Verteufelungen beruhen auf einem Misstrauen gegenüber der Natur, das nur damit erklärt werden kann, dass das schöpferische Göttliche als grundsätzlich getrennt von der Schöpfung betrachtet wurde«, meint Pier Hänni so treffend und fügt hinzu: »Wenn überhaupt, dann steckt der Teufel hinter dieser unseligen Trennung, unter der die scheinbar aufgeklärte Gesellschaft noch immer leidet.«

Es lohnt sich jedoch, die Geschichten der Orte zu erkunden und nachzuspüren, ob sich diese Energien noch immer finden lassen. Es ist interessant, mal die eigene Region auf der Landkarte zu studieren und solche Ortsnamen herauszusuchen, die neugierig machen, die ansprechen, die geheimnisvoll klingen. Dann hinfahren und ausprobieren, wie es sich dort anfühlt. Es gibt in Deutschland so unendlich viele spannende Orte! Die Auswahl hier im Buch ist leider begrenzt, aber deshalb sind Sie jetzt eingeladen, selbst aktiv zu werden.

Wenn Sie Erfahrung im Pendeln haben, können Sie sich auch von einem Pendel beraten lassen. Gehen Sie mit dem Pendel über eine Landkarte und schauen Sie, wo es zu Ausschlägen kommt. Diese Orte sind dann für Sie von Bedeutung. Ein Pendel ist ja im Prinzip nichts anderes als eine Sichtbarmachung unserer inneren weisen Instanz, die weiß, was für uns gerade ansteht.

Nun werden Sie sich vielleicht fragen, wie erkenne ich denn, dass die Schwingungen an einem Ort besonders sind? Eine gute und berechtigte Frage. Marco Pogačnik sagt:

Die Mistel – Zeigerpflanze
für energetische Orte

»Was auf den feinstofflichen Ebenen existiert, manifestiert sich auf die eine oder andere Weise auch in der materiellen Sphäre der Realität. (...) Wunder geschehen, wenn ein Mensch bereit ist, seine Intuition frei mit seinen logisch funktionierenden Sinnen spielen zu lassen.«

Bei der Frage nach den Ortsenergien ist also
zweierlei zu beachten:

Erstens:

Feinstoffliche Energien zeigen sich auch im
Außen. Das kann sein durch Simulakra, aber
zum Beispiel auch durch besondere Pflanzen.
Man nennt sie auch *Zeigerpflanzen*. Das sind
meist Pflanzen, die unseren Ahnen als heilig
galten. Oft sind es auch Heilpflanzen. An
besonders heilkräftigen Orten gedeihen auch
diese Pflanzen besonders gut. So können wir
uns durch die Beobachtung der Pflanzenwelt
vor Ort auch einen Eindruck verschaffen über
das geistige Feld des Ortes. Eine große Vielfalt
von Pflanzen – und besonders, wenn sie groß
und üppig wachsen oder selten sind – ist ein
gutes Zeichen für positive und unterstützende
Energien.

Die wichtigsten Zeigerpflanzen für heilige
Orte sind:

Stechpalmen, Misteln, Wacholder, Holunder,
Weißdorn, Haselnuss, Lärche, Eibe, Brenn-
nessel, Tollkirsche, Stechapfel und Bilsenkraut.

Die letzten drei sind natürlich nicht genießbar
und vor ihrem Verzehr muss gewarnt werden.
Fliegenpilze gehören auch zu den Zeigerpflanzen. Wenn sie dann noch in einem Kreis
wachsen, nennt man das auch Hexenkreis.

Ein solcher ist im vergangenen Jahr in meinem
Garten entstanden, an dem Platz, an dem ich
im Sommer besonders gern im Schatten von
einer Dreiergruppe von Birken sitze. Das bedeutet natürlich nicht, dass ich jetzt deswegen
fortan als Hexe firmiere.

Besondere Wuchsveränderungen an Bäumen
weisen meist auch auf besondere Schwin-
gungs- und Energiemuster vor Ort hin.
Geschwülste an Bäumen, sogenannte Hexen-
knoten, Auswüchse im unteren, sonst astlosen
Stamm, Rüsseläste, frühe Stammteilungen,
gewundene Stämme, auch Korkenzieher
genannt; all dies sind Hinweise auf besondere
Energiestrukturen. Orte, an denen sich solche
Verwachsungen häufen, haben eine enorme
Kraft. Wie Pier Hänni weiß, ist vieles, was
auf den ersten Blick zufällig wirkt, alles andere
als das und stellt sich bei genauerer Beobachtung als sinn- und bedeutungsvoll heraus.

Verwachsungen –
Hinweis auf starke Energiefelder

Alter Baum mit
eigenem Charakter

Zweitens:

Seelenorte sind auch immer eine Einladung an uns, über die Wahrnehmung unserer fünf »regulären« Sinne hinauszutreten und den sechsten und siebten Sinn in uns zu kultivieren. Jeder Seelenort kann uns neue Zugänge in das Unaussprechliche zeigen. Oft ist es tatsächlich schwer, für das Unaussprechliche Worte zu finden. Vielleicht ist das mit ein Grund, weshalb ich mich an diesen Orten so gern den Tönen, die durch mich fließen, hingebe. So wird durch den Gesang die Seele des Ortes hörbar und ein wenig begreifbar.

Gleichzeitig ist es für den Ort eine Unterstützung und Anerkennung, seine eigenen Töne hören zu dürfen und sich dadurch gewürdigt und erkannt zu wissen. Und doch ist es manchmal eine gute Idee, zu versuchen, das Unsagbare zu sagen. Meine Hoffnung dabei ist, ebenso wie die von Autor Werner Sprenger, dass jeder Satz aus mehr besteht als nur aus den Worten, die ihn bilden.

EIGENE SEELENPLÄTZE SCHAFFEN

Das eigene Zuhause ist natürlich der Ort, an dem wir die meiste Zeit verbringen. Wäre es nicht schön, dort einen Seelenort entstehen zu lassen? Einen Ort in den eigenen vier Wänden oder auch im Garten, wo wir uns regenerieren können, Kraft schöpfen für den Alltag, abschalten und uns mit dem Kosmos verbinden können? Einen Ort, an dem die Reizüberflutung von außen keine Chance hat, wo wir uns unseren Herzenskräften öffnen können?

SEELENPLÄTZE IM HAUS

Es gilt also einen eigenen heiligen Ort im eigenen Heim zu gestalten. Das kann ein Altar sein, ein Platz, der nur uns allein vorbehalten ist oder an dem wir mit anderen Menschen

Hausaltar mit gefundenen »Heiligkeiten«

meditieren können. Jedenfalls wird es ein Ort sein, an dem unsere Seele aufblühen kann.

Dieser Ort sollte sich verständlicherweise an einem ruhigen Teil des Hauses, der Wohnung, des Gartens befinden. Oft ist es auch unser Lieblingsplatz, denn den haben wir uns sicherlich auch nicht zufällig ausgesucht. Die Feng-Shui-Beraterin Cornelia Preuß empfiehlt eine kleine Meditation, um zu empfangen, wie dieser Ort ausgestaltet werden kann.

MEDITATION

Du verabredest dich mit dir selbst! So schaffst du dir den Freiraum, dich ganz auf deinen Wunsch, dir ein Plätzchen einzurichten, zu konzentrieren.

Sich mit sich selbst zu verabreden ist etwas ganz Besonderes! Es hat etwas Spielerisches – freue dich darauf!

Plane genügend Zeit ein, damit du dich ganz deinem Wunsch widmen kannst. Du wirst über deinen Seelenplatz meditieren. Wichtig dabei ist, dass du alleine bist.

Suche dir ein geschütztes Plätzchen und richte dich behaglich ein. Wenn du so weit bist, schließe deine Augen. Atme tief ein und aus und entspanne dich. Lass den Alltag los. Sei ganz bei dir. Wenn du dich entspannt fühlst, versuchst du zu erinnern, wo du dich einmal rundum wohlgefühlt hast. Rundum sicher und wohl!

Lass dir Zeit – lausche dem, was in dir aufsteigt. Es werden Bilder auftauchen, ein Geruch oder ein Geräusch. Tauche ganz ein in deine inneren Erfahrungen. Verweile. Du atmest das wohlige Gefühl, das in dir aufsteigt, tief ein und spürst, wie es sich im ganzen Körper ausbreitet. Das, was du gefunden hast, ist nährend für dich! Atme es ein, bis die letzte Zelle informiert ist. Diese Qualität benötigst du für deine Seele! Du hast nun gefunden, wonach du gesucht hast. Sei dankbar für diesen Erfahrungsschatz!

Wenn du magst, kannst du dich hier noch ein wenig aufhalten und die Sinneseindrücke, die vor deinem inneren Auge auftauchen, wahrnehmen. Sie entspringen deiner tiefsten inneren Quelle. Gebe dich ganz deinem Selbst hin und lausche auf das, was sich dir zeigen will.

Wenn du genug hast, kommst du langsam wieder zurück ins Hier und Jetzt. Du kannst dich recken und strecken, genüsslich gähnen und beim Öffnen der Augen der Welt ein Lächeln schenken.

Diese Methode verhilft zu erkennen, welche Atmosphäre der ganz persönliche Seelenplatz bekommen sollte. Er gestaltet sich nun ganz wie von selbst. Diese Methode kann auch angewendet werden, wenn es zurzeit keinen Ort zum Einrichten gibt. Selbst für diejenigen, die gar kein Zuhause haben oder ständig unterwegs sind, ist diese Meditation förderlich. Das Gefühl für den eigenen »Seelenplatz« hat sich verankert und kann sich nun jederzeit ausbreiten.

An diesem besonders geheiligten Platz in der Wohnung, im Haus passen natürlich auch all die Kostbarkeiten, die wir auf unserem Lebensweg gesammelt haben und die unser Herz erwärmen und pulsieren lassen. Bilder von besonders schönen Orten in der Natur können ebenso gut dazugehören wie vielleicht Fotos von geliebten Menschen. Wir können auch Repräsentanten der Elemente dort versammeln.

Wasser und Rosen –
Betonung des weiblichen Elements

Dazu nimmt man am besten Gegenstände, die man selbst mit dem jeweiligen Element verbindet. Eine kleine Auswahl zur Anregung:

Wasser:
– eine Schale, die wir täglich mit frischem Wasser füllen und in die wir vielleicht ab und zu eine Blüte hineingeben
– ein Zimmerbrunnen
– ein Foto vom Meer, einem See oder Fluss
– die Statue einer Meerjungfrau oder von Aphrodite (die aus dem Wasser Geborene) oder vom Wassergott Poseidon
– Mondsymbole
– runde, geschliffene Flusskiesel

Luft:
– eine oder mehrere Federn
– ein Windspiel
– Bilder von Himmel und Wolken, hohen Berggipfeln oder windgepeitschten Bäumen

Feuer:
– Kerzen
– Vulkansteine
– Bilder von Vulkanen, Feuern, roten
  Wüstenlandschaften in der Sonne
– rote Glasobjekte
– Sonnensymbole

Erde:
– ein Schälchen mit Sand
– selbst gefundene Steine
– Objekte aus Wurzeln

Bei der Auswahl der Gegenstände ist es auch
von Bedeutung, Dinge, die von besonderen
Orten der Kraft stammen, zu integrieren.
Denn durch diese Steine, Federn oder ge-
trockneten Blumen sind wir auf feinstofflicher
Ebene auch weiterhin direkt im Austausch mit
diesen besonderen Orten. Dabei ist jedoch
zu beachten, dass wir vor Ort – ehe wir zum
Beispiel einen Stein mit uns nehmen – kurz
fragen, ob das in Ordnung ist. Meist werden
wir die Zustimmung bekommen. Sollte es aber
doch einmal »Nein« heißen, so bitte auch das
beachten.

Wäre es nicht schön, wenn die gesamte Wohnung ein heiliger und heilender Raum wäre?

Unser Haus ist im Prinzip unsere dritte Haut,
die uns schützt und vor Eindringlingen be-
wahrt. Das wird besonders deutlich an der
Schwelle – also an der Eingangstür. Platzieren
wir dort ein Symbol, einen Spruch, wird sich
dies auf das gesamte Haus, die Wohnung aus-
wirken. Zwischen Räumen und den darin
Wohnenden entsteht eine Beziehung, darauf
macht Harald Jordan aufmerksam.

»Das Wort über dem Eingang bedeutet
›Standpunkt beziehen‹, richtet Energien aus
und repräsentiert den Anspruch der dort
Wohnenden. (...) Das Finden des Symbols
und Wortes ist wie der Grundstein eines
Hauses, der Beginn des eigentlichen Bau- und
Wohnprozesses. Je klarer es ist, umso größer
ist seine Kraft, denn sie verbindet sich mit
dem Sinn eines Menschenlebens. Es ist Signal
zur Achtgebung, ist – mehr als ständige Erinnerung – eine stete Verstärkung der eigenen
Tat«, meint er.

Auch astrologische Gesichtspunkte können
bei der Wohnungseinrichtung die einem selbst
innewohnenden Aspekte stärken und zum
Ausdruck bringen. Am augenfälligsten ist
auch dies wieder über die Elementeverteilung
im Geburtshoroskop.

Es überrascht Sie wahrscheinlich nicht, dass bei mir die Luft vorherrschendes Element ist. Mein Arbeitszimmer ist ein halber Wintergarten mit großen Fensterfronten und Blick in die Weite des Gartens. In meinem Rücken ist eine Bücherwand – und erfüllt nicht nur praktische Zwecke, sondern auch mein Bedürfnis nach Wissen und geistiger Beschäftigung. Die Farbe der Fensterrahmen ist Türkis, allerdings habe ich einen Holzboden und der Teppich ist ein warmes, erdiges Orange. Dann habe ich ein braunes Sofa und einen weißen Sessel. Gerade mit Farben können wir fehlende Elemente ausgleichen und anregen, sodass davon unsere gesamte Lebensgestaltung profitiert.

Wenn wir in eine neue Stadt ziehen, so ist es immer eine gute Idee, sich noch vor dem Umzug einige Tage dort aufzuhalten und zu spüren, wie es einem energetisch ergeht. Ob man sozusagen »kompatibel« ist. Es gibt Städte, da fängt die Seele sogleich an zu singen, und es gibt auf der anderen Seite auch Städte, die in uns ein leichtes Unwohlsein erzeugen. Wenn – zum Beispiel aus beruflichen Gründen – keine andere Wahl besteht, als in eine bestimmte Stadt zu ziehen, ist die sorgfältige Auswahl und Gestaltung der Wohnung oder des Hauses umso wichtiger.

In fast jeder Stadt gibt es auch Bereiche, die dem eigenen Wesen nahekommen, wo Vertrautheit herrscht oder hergestellt werden kann. Dann ist es wichtig, sich in der näheren Umgebung der neuen Wohnstätte nährende Orte und Plätze zu suchen, die leicht und schnell erreichbar sind, sodass man dort immer mal wieder zwischendurch zum Auftanken vorbeischauen kann.

»Der Umzug von einer Wohnung in die andere wird als kleiner Tod bezeichnet. So ist aber auch der Wechsel zu einem anderen Wohnort die Chance, Altes hinter sich zu lassen und dadurch für Neues offen zu werden«, meint Harald Jordan.

Vielleicht ist es tröstlich, vom alten Ort ein Erinnerungsstück mitzunehmen. Das kann ein Stein sein, der dann energetisch immer eine Verbindungsbrücke sein kann zum alten Ort. So verwebt sich Vergangenheit und Zukunft in der Gegenwart.

Großer Garten mit freier Gestaltung

Schwebesitz, um die Seele baumeln zu lassen

SEELENPLÄTZE IM GARTEN

Wenn wir das Haus, die Wohnung als unsere
dritte Haut bezeichnen, so ist der Garten
unsere vierte. Er umhüllt mit seiner Energie
den Wohnbereich und er steht uns zur ständigen Verfügung, um uns zu erholen und zu
regenerieren. Eine sorgfältige Gestaltung
unter Einbeziehung geomantischer Gesichtspunkte ist deshalb kein Luxus, sondern die
Basis für gedeihliches Wohnen und Leben.
Welche Kriterien sind nun bei der Gartenge-
staltung zu berücksichtigen? Um das Umfeld
so zu gestalten, dass die Kreativität sprudeln

kann und Wohlbehagen das Resultat ist, emp-
fielt der Gartengestalter Wolfgang Urban, sich
zunächst selbst zu befragen: Was brauche ich
eigentlich? Wie gehe ich in den Garten: Sehe
ich nur die Arbeit und Unerledigtes oder kann
ich einfach nur da »sein«? Damit einher geht
die Aufdeckung der bislang eher unbewussten
»Vorgaben«, wie Gärten denn auszusehen
haben. Dieses äußere Bild von einem Garten
ist geprägt durch Vorbilder (Gärten der Nachbarn, Freunde), Moden, Medien, aber auch
konkete Angebote im Baumarkt.
Es geht jetzt darum, sich davon ein Stück weit
zu lösen, um das Eigene auszugraben. Dabei
kann ein geomantischer Berater helfen, allerdings bedeutet dies nicht, ihm die Aufgabe zu
geben: »Machen Sie uns einen schönen Garten mit Seelenplatz.« Vielmehr geht es darum,
das Ureigene mit ihm gemeinsam zu entwickeln. Wolfgang Urban sondiert zunächst die
Gegebenheiten vor Ort, um dann mit den
Menschen das entstehen zu lassen, was der
Seele Flügel verleiht.

»Es geht dabei nicht darum, etwas überzu-
stülpen, sondern nachzufragen und zu spüren,
was das jeweilig Richtige ist. Da gibt es keine
festen Kriterien.« Er ermutigt dazu, sich an
Eindrücke aus der Kindheit zu erinnern.

»Erwachsene neigen dazu, Funktionalität, Rollenvorstellungen und äußere Anforderungen in den Vordergrund zu stellen. Ein Kind ist im Sein.«

Alte Fotoalben können Gefühle von damals wachrufen. Weiter hilft auch die Frage: Was habe ich früher besonders gern gemacht? Habe ich gern mit Wasser gespielt, gezündelt, Fahrrad gefahren, geschaukelt, mit Matsch und Sand gespielt, bin ich gerne geradelt? All dies gibt gleichzeitig wertvolle Hinweise auf die Sehnsüchte von heute, die allerdings häufig nicht so ohne Weiteres zugänglich sind.

»Dort, wo spontan das Gefühl von Wärme und Angezogenheit aufkommt, das ist der Ort, an den wir mit unserer Sehnsucht hinwollen. Das ist ein Wiedererkennen von etwas, was man ins Leben mitgebracht hat«, so Urban. »Seelenplätze knüpfen uns wieder an unsere verlorene Sehnsucht an und bringen uns unserer Lebensaufgabe näher.«

Manchmal blockiert das Gefühl, es müsse etwas ganz Besonderes und Großartiges sein, und es kommen Verhinderungsgründe hoch: zu teuer, unmöglich. Oft ist es jedoch möglich, diese Vision den Verhältnissen anzupassen.

Urban rät, sich Repräsentanten der Elemente zu holen, die für einen selbst wichtig sind. So spricht schon das kleinste Wasserbecken die Seele an. Ausgestattet mit einer kleinen Pumpe, sodass es bewegt wird, erhöht sich die Wirkung noch. Das Geräusch von plätscherndem Wasser kann zudem andere Geräusche aus der Umgebung – wie zum Beispiel Verkehrslärm – mildern und überdecken.

Das Element Erde können wir in uns aktivieren, indem wir etwas Gemüse anbauen. Das ist ein Weg, mit Mutter Erde zu arbeiten, und wir können den archaischen Kreislauf von Säen, Pflanzen, Wachsen und Ernten direkt erleben. Eine interessante Erfahrung kann es auch sein, im Garten barfuß zu laufen und bein Gärtnern keine Handschuhe zu tragen. Denn Schuhe sind Barrieren, die den direkten haptischen Austausch ein Stück weit verhindern. Wir können über die Fußsohle ganz erstaunlich viel erfahren über einen Ort, davon ist Urban überzeugt. Pflanzen, die den Wind hörbar und sichtbar machen, wie Gräser oder Silberpappeln, verbinden mit dem luftigen Element. Ein Feuerplatz symbolisiert das Feuerelement – selbst wenn kein Feuer brennt.

Auch bei der Frage, wo im Garten der Seelen-platz angesiedelt werden soll, rät Urban zur Gelassenheit. Es ist nicht notwendig, alles zu analysieren und in Zonen aufzuteilen. In kleinen Gärten müssen allerdings praktische Erwägungen herangezogen werden. Die Grenze zum Nachbarn kann durch Sicht-schutz an der Stelle gemildert werden. In größeren Gärten mag man sich in die Mitte des Gartens stellen und fragen: »Wo soll das jetzt hin?« Der allererste Impuls ist dann der richtige. Wichtig ist dabei, nicht ins Denken zu kommen. Es gilt der ersten Wahrnehmung zu trauen, sie zuzulassen und sich darauf einzulassen.

»Vielleicht gibt es ja Räume im Garten, die sich unterschiedlich anfühlen. Oder aber man gestaltet mit einfachen Mitteln solche Räume, um unterschiedliche Seelenerlebnisse zu haben: Geborgenheit – Enge – Weite – Fernblicke.«

Es lohnt auch, sich Plätze im hinteren Bereich des Gartens anzulegen, dort vielleicht auch eine Laube oder ein Gartenhaus zu platzieren. Ein »versteckter« Platz im Garten, von wo aus das Wohnhaus nicht sichtbar ist, in der Nähe eventuell ein alter Baum oder ein vorhandener

Stein – all dies sind Möglichkeiten, sich Oasen der Ruhe und Rückzugsmöglichkeiten aus dem Alltag zu gestalten.

Jeder Garten braucht eine Mitte, ein Herz-zentrum. Das gibt Orientierung und zentriert die Kraft. An dieser Stelle kann ein Baum oder eine Baumgruppe stehen, ein Kunstwerk

Oase der Ruhe

oder ein Stein. Stefan Brönnle verweist darauf, dass dieser Stein sogar mit positiven Wünschen und Informationen aufgeladen werden kann. Ein Segensspruch oder Ähnliches kann in einen Stein hineingeklopft werden. Man sagt innerlich den Spruch wie ein Mantra und gleichzeitig klopft man mit einem Hammer oder Stock auf den Stein. Dabei kann man sich vorstellen, dass die Information in den Stein übergeht.

Ist der Garten neu gestaltet, ein Seelenplatz eingerichtet, braucht es der Verankerung und Aktivierung, damit die Energien frei und kraftvoll fließen können. Seit Urzeiten werden wichtige Orte geweiht und dadurch »freigeschaltet«. Für uns ist der Garten so ein Bereich und auch er sollte angebunden werden an das kosmische Netz. Dafür eignen sich Rituale. Ein Ritual schafft einen sakralen Raum, in dem sich die Seele der Natur manifestieren kann, meint der Kulturanthropologe und Ethnobotaniker Wolf-Dieter Storl.

»Das Ritual wirkt wie ein Schluck Wasser auf die dürstende Seele. Es hebt die Teilnehmer aus der Hast und den Spannungen des Alltags heraus und hilft ihnen, in das Wunder der Schöpfung einzutauchen.«

Herzzentrum des Gartens

Rituale sind feierliche Handlungen, die es Menschen ermöglichen, sich den tieferen Dimensionen des Seins zu öffnen. Gleichzeitig sind Rituale nicht nur für den Menschen wichtig, sie sind genauso »Nahrung« und Stärkung für die Natur und das Land. Nordamerikas Indianer würden sagen: Rituale sind wie eine machtvolle »Medizin«. Die »Zutaten« für ein Gartenritual sind immer vom Ort und den Menschen, die dort wohnen, abhängig und sollten individuell ausgesucht und verknüpft werden. Dazu gehören auf jeden Fall jedoch Repräsentanten der vier Elemente und Himmelsrichtungen. Feuer, Räucherwerk, Trommeln, Singen, Gebete – all dies sind Kräfte, die wirken, wenn sie mit Bedacht und Andacht ausgeführt werden.

DANK

Die Arbeit an diesem Buch war auch für mich eine Reise nicht nur zu den wunderbaren Seelenorten, sondern auch gleichzeitig eine Reise in meine innere Seele. Ich bin nicht mehr dieselbe, die ich war, als ich dazu aufbrach. Auf diesen Wegen wurde ich begleitet, geleitet und ich habe viele neue inspirierende Menschen kennengelernt, die mir wichtige Hinweise, aber auch neue Innenräume gezeigt haben beziehungsweise mich an ihren Innenräumen haben teilnehmen lassen. Zu jeder Zeit hatte ich das sichere Gefühl, dass ein besonderer Segen auf diesem Projekt liegt.

Mein größter und innigster Dank geht an meine gute Freundin Claudia Keller, die überall mit vor Ort war und zum Gelingen des Buches in entscheidender Weise beigetragen hat. Ihre Fotos sind der sichtbare Beweis, aber das Wesentliche ist natürlich

immer unsichtbar. Danke für deine über-
große Geduld, deinen immerwährenden
Enthusiasmus und die Fähigkeit, das Mysterium des Ortes im Bild einzufangen.

Und auch an meine Freundin Margret geht
wie immer mein herzlichster Dank für die
guten Gespräche und die immerwährende
Unterstützung.

Dann möchte ich von Herzen meinem
Lehrer Harald Jordan-Hoepfner und seiner
Frau Philemon-Sophia Hoepfner-Jordan
danken. Eure Schulung hat mich jetzt über
das Jahr begleitet, die Impulse davon haben
mein Leben verändert und bereichert und
sind in jeder Zeile dieses Buches spürbar.

Danke auch an die gesamte Gruppe, die
für mich Geburtshelfer, Freundinnen und
Freunde sind: Frank Hartung, Christine
Kurtz, Christoph Missall, Cornelia Preuß,
Susanne Riekers, Gisela Schreiber, Wolf-
gang Urban, Bernd Wernicke und Barbara
Winterott.

Herzlichen Dank auch an Peter Frank – für
deine Zeit, deine Einsichten, deine Hinweise.
Ein großer Dank auch an Axel Caspary –

für die spontane Unterstützung bei der
»Ortung von Orten«.

Mein besonderer Herzensdank an meine
Freundin Bärbel Blatt – für deine Führung
in Berchtesgaden und überhaupt…

Danke all denen, die mich durch ihre Bücher
inspiriert haben und mir die Zusammenhänge
verdeutlicht haben: Marko Pogačnik, Pier
Hänni, David Luczyn, Stefan Brönnle.

Und Danke den himmlischen Mächten, die
bei der Entstehung des Buches schützend
ihre Hand über unsere Reiseroute gelegt
und immer für das »richtige« Wetter gesorgt
haben.

Natürlich geht mein Dank – wie immer –
auch an meine Familie, die oft ohne mich
auskommen musste und die mir diese Zeit
geschenkt hat.

Und last, not least geht mein bester Dank an
meinen Verleger Michael Görden für die Begeisterung (wörtlich zu nehmen!) und die wunderbare Unterstützung bei der Realisation
dieses Projekts. Die Idee zu diesem Buch kam
mir im Zug, unterwegs zu einem Treffen mit ihm.

Über die Autorin

Theresia Maria de Jong, geboren 1959, Mutter zweier Söhne, studierte Kommunikationswissenschaft und Journalismus in München und Los Angeles. Sie arbeitete für Rundfunk, Fernsehen und Print, seit 14 Jahren ist sie erfolgreiche Buchautorin und Publizistin. Ihre Themen sind ganzheitliche Gesundheit, Psychologie und die unendliche Kraft der Seele – betrachtet aus den Augen einer Frau. Die Wiederentdeckung der liebenden weiblichen Schöpferkraft – der Göttin – in ihrer gesellschaftlichen Relevanz ist ihr ein Herzensanliegen. Sie hält Vorträge im In-und Ausland.

Seit einer schamanischen Ausbildung singt sie heilende Seelenlieder für Gruppen, Orte, Einzelne und bei Ritualen. Die Töne und Melodien stellen sich im Moment intuitiv ein und fließen als Kraft durch sie hindurch. Hingabe, Annahme und Loslassen sind nicht Schwächen, sondern die Voraussetzung für wahre Kraft, Stärke und Toleranz. Dies hat sie erfahren in einer Schulung bei Harald Jordan-Hoepfner und Philemon-Sophia Hoepfner-Jordan für energetische Raum- und Lebensgestaltung in Worpswede. Dabei knüpfte sie auch ihre Verbindung zu Mutter Erde völlig neu. Himmel und Erde zu verbinden, das sieht sie als Aufgabe.

»Aus Wunden Perlen machen« ist ihr Motto.

ÜBER DIE FOTOGRAFIN

Claudia Keller, geboren 1958, Mutter zweier Kinder, fotografiert aus dem Herzen und mit stark entwickelter Intuition. Sie hat die ausgeprägte Fähigkeit, die energetische Atmosphäre und besondere Qualität des Moments im Bild einzufangen und Unsichtbares sichtbar werden zu lassen. Die Arbeit an diesem Buch bedeutete ihr eine innere Öffnung:

»Während unserer Wanderungen erlebte ich wunderbare Momente der tiefen Verbundenheit mit der ganzen Erde, der alles durchströmenden Liebe, der Kraft, welche aus dem Ursprung allen Seins kommt, des Verstehens mit dem Herzen.«

Adressen

Theresia Maria de Jong,
www.theresia-dejong.de

Harald Jordan,
Bauernreihe 8a, 27726 Worpswede,
Tel.: 04792-3647,
mail@harald-jordan.de,
www.harald-jordan.de

Wolfgang Urban,
Seidmannsdorfer Str. 174,
96450 Coburg,
Tel.: 09561-27320,
urban@gartenundgeomantie.de,
www.gartenundgeomantie.de

Hagia Chora – Schule für Geomantie,
Peter Frank, Franziskusweg 37,
82362 Weilheim,
Tel.: 0881-1359959,
ausbildung@hagia-chora.org,
www.hagia-chora.org

Cornelia Preuß,
Raumbalance, Pröschstr. 6,
21493 Schwarzbek,
Tel.: 04151-897680,
cornelia.preuss@t-online.de

Axel Caspary,
Rudolphstr. 18a,
90489 Nürnberg,
Tel.: 0911-553827,
info@axelcaspary.de,
www.axelcaspary.de

Sabine Sagel,
Am Dahlberg 8,
46244 Bottrop,
Tel.: 0177-6409045

LITERATUR

Brönnle, Stefan: »Landschaften der Seele«, Darmstadt 2006

Bubendorfer, Thomas: »Zauberworte vom Berg«, München 2002

Devereux, Paul: »Das Gedächtnis der Erde«, München 2000

Devereux, Paul: »Der heilige Ort«, München 2006

Früh, Sigrid: »Frauenmärchen«, Krummwisch 2006

Gehringer, Petra: »Geomantie. Wege zur Ganzheit von Mensch und Erde«, Saarbrücken 2007

Graichen, Gisela: »Das Kultplatzbuch«, Augsburg 1997

Hänni, Pier: »Wege zu Orten der Kraft«, München 2006

Hoffman, Chris: »Lebensbaum und Lebenskreis«, München 2002

Inayat Khan, Pir Vilayat: »Das, was durchscheint durch das, was erscheint«, Bad Beversen 2006

Janascheck, Ulla: »Göttin der Gezeiten«, Uhlstädt-Kirchhasel 2004

Jordan, Harald: »Orte heilen. Die energetische Beziehung zwischen dem Menschen und seinem Wohnort«, München 2004

Jordan, Harald: »Räume der Kraft schaffen«, München 2008

Luczyn, David: »Magisch Reisen Deutschland. Wo die Seele Kraft tankt«, München 2001

Merz, Blanche: »Orte der Kraft«, Chardonne, Schweiz, 1985

Pennick, Nigel: »Das Geheimnis der Labyrinthe«, München 5/1992

Pincola Estés, Clarissa: »Die Wolfsfrau. Die Kraft der weiblichen Urinstinkte«, München 1997

Pogačnik, Marco: »Das geheime Leben der Erde. Neue Schule der Geomantie«, München 2008

Pogačnik, Marko: »Liebeserklärung an die Erde«, München 2007

Röbkes, Marion: »Hexen, Götter, Kulte. Orte der Magie Deutschland Süd«, Haslach/Allgäu 2001

Röbkes, Marion: »Hexen, Götter, Kulte. Orte der Magie Deutschland Nord«, Haslach/Allgäu 2002

Ruland, Jeanne: »Krafttiere begleiten dein Leben«, Darmstadt 2004

Storl, Wolf-Dieter: »Naturrituale. Mit schamanischen Ritualen zu den eigenen Wurzeln finden«, München 2004

Tenzer, Eva: »Einfach schweben. Wie das Meer den Menschen glücklich macht«, Hamburg 2007

Wacek, Gerda, Sandaschitz, Edith: »Untersberger Sagenwelt«, Mauerbach, Österreich, 2004

Walser-Biffiger, Ursula: »Vom schöpferischen Umgang mit Orten der Kraft«, München 2006

*D*IE ORTE

Führung und Rat – das Orakel zur Kontaktaufnahme mit den inneren Helfern

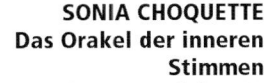

SONIA CHOQUETTE
Das Orakel der inneren Stimmen
Geb. € [D] 19,95 / € [A] 20,60
sFr 35,90
ISBN 978-3-7934-2141-2

Sonia Choquette hat eine einfache Methode entwickelt, mit der jeder den Umgang mit seinen inneren Stimmen erlernen kann.

Allegria

Jetzt auf

Der Sensations-erfolg aus den USA jetzt in den deutschen Kinos

Unter der Regie von Hollywood-Regisseur Michael Goorjian entfaltet sich in großartigen Bildern die Geschichte einer spirituellen Sucherin, die mit Louise L. Hay zu einem neuen Leben findet.